Heute schon gelebt?

HEUTE SCHON GELEBT?

365 DREI-MINUTEN-PAUSEN

Ausgewählt und herausgegeben von
Samuel Friedländer

HERDER

FREIBURG · BASEL · WIEN

Ich glaube,
für alle Menschen in der Welt
ist es das Wichtigste im Leben,
den Mut zu großen Träumen
aufzubringen.

GOLDA MEIR

JANUAR

HEUTE
IST DER TAG

1. JANUAR

Leb in der Gegenwart!
Zu leer ist und zu weit
Der Zukunft Haus,
zu groß das der Vergangenheit.
In beiden weißt du nicht
den Hausrat einzurichten
Der ungeschehnen
und geschehenen Geschichten.
Doch daß die Gegenwart
nicht eng dir sei und klein,
Zieh die Vergangenheit
und Zukunft mit herein.
Die beiden mögen dir
erfüllen und erweitern
Die Wohnung und mit Glanz
die dunkle schön erheitern.

FRIEDRICH RÜCKERT

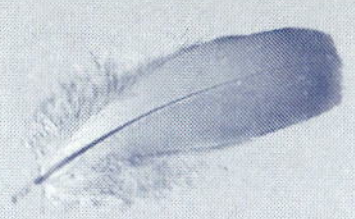

2. JANUAR

Buddha wurde einmal gefragt: „Wer ist heilig?“ Er antwortete: „Jede Stunde ist in Sekunden eingeteilt und jede Sekunde in Sekundenbruchteile. Wer in jedem Bruchteil einer Sekunde voll bewusst gegenwärtig ist, ist wahrlich ein heiliger Mensch.“
Ein japanischer Krieger wurde von seinen Feinden gefangengenommen und in eine Gefängniszelle geworfen. Er konnte nachts nicht schlafen, denn er war überzeugt, am nächsten Tag grausam gefoltert zu werden.
Dann fielen ihm die Worte seines Zen-Meisters ein: „Morgen ist nicht wirklich. Die einzige Wirklichkeit ist die Gegenwart.“
Also besann er sich auf die Gegenwart und fiel in tiefen Schlaf.

ANTHONY DE MELLO

3. JANUAR

In einem kleinen Dorf, irgendwo im Land, lebte ein alter, weiser Mann. Er war neunzig Jahre alt geworden und sah zufrieden und glücklich aus. Da sagte einer zu ihm: „So ein schönes langes Leben! So viele Jahre lebst du schon." Der Alte zog kräftig an seiner Pfeife und antwortete: „Du lebst nur einen Tag." Das hatte ihn das Leben gelehrt.
Um wirklich zu leben, musst du heute leben. Das Leben ist kurz und geht schnell vorbei. Wenn du heute nicht lebst, dann hast du den Tag verloren. Verdüstere deinen Geist nicht mit den Sorgen von morgen. Beschwere dein Herz nicht mit dem Elend von gestern. An das Gute von gestern magst du getrost denken. Träume auch von schönen Dingen, die morgen kommen mögen. Aber verliere dich nicht ins Gestern oder Morgen.

PHIL BOSMANS

4. JANUAR

Es war einmal ein guter Mensch. Er hatte sein ganzes Leben damit zugebracht, all die Tugenden zu entfalten, die jenen aufgetragen sind, die das Paradies erreichen möchten. Großzügig gab er den Armen, er liebte seine Mitmenschen und diente ihnen. Im Gedanken daran, wie notwendig Geduld ist, ertrug er oft um anderer willen große und unerwartete Mühsal. Auf der Suche nach Erkenntnis machte er Reisen. Seine Demut und sein beispielhaftes Verhalten ließen seinen Ruf als weiser Mann und guter Bürger vom Osten bis zum Westen, vom Norden bis zum Süden widerhallen.
All diese Tugenden übte er tatsächlich aus, wann immer er daran dachte. Aber er hatte eine Schwäche, und das war die Unachtsamkeit. Diese Neigung war nicht stark in ihm, und er meinte, dass sie, wenn man sie gegen all das Gute, was er tat, aufwöge, nur als kleiner Fehler gelten könne. (1)

5. JANUAR

Es gab da ein paar arme Leute,
denen er nicht half, weil er bisweilen
unempfindlich war für ihre Nöte.
Auch die Liebe und das Dienen wurden
manchmal vergessen, wenn das,
was er als rechtmäßige persönliche
Ansprüche oder doch zumindest als
berechtigte Wünsche ansah, in ihm an
die Oberfläche drang und Oberhand
gewann in seinen Entscheidungen und
in dem, was er tat.
Er liebte den Schlaf; und manchmal,
wenn er schlief, gingen Gelegenheiten
ungenutzt vorüber, bei denen er
Erkenntnis suchen oder Einsicht
gewinnen, Demut üben oder die
Summe seines guten Betragens noch
um ein Gutes hätte vergrößern können.
Und diese Gelegenheiten kamen nicht
wieder. (2)

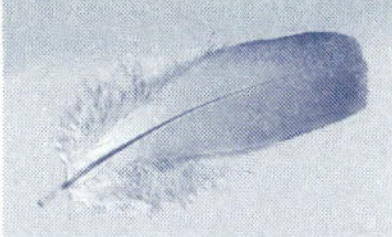

6. JANUAR

Genauso wie die guten Eigenschaften ihre Spuren in seinem Wesen hinterließen, so auch die Eigenschaft der Unachtsamkeit. Und dann starb er. Wie er sich nun jenseits dieses Lebens wiederfand und auf den Weg zu den Toren des „Ummauerten Garten“ begab, hielt er inne und prüfte sein Gewissen. Und er fand, dass er ausreichend Aussicht habe, durch die „Hohen Tore“ eintreten zu dürfen. Er sah, dass die Pforten geschlossen waren, und dann wandte sich eine Stimme an ihn und sagte: „Sei achtsam! Denn die Pforten werden alle hundert Jahre nur einmal geöffnet!“ Er setzte sich nieder und wartete voller Spannung. Aber ohne die Möglichkeit, seine Tugenden gegenüber der Menschheit auszuüben, fand er, dass die bloße Achtsamkeit für einen Mann wie ihn doch zu wenig sei. (3)

7. JANUAR

Nachdem er eine Zeit, die ihm so lang wurde, als sei es ein Jahrhundert, gewartet hatte, wurde er schläfrig. Für einen einzigen Augenblick schlossen sich seine Augenlider. Und in diesem unendlich winzigen Augenblick taten die Pforten sich weit auf.
Noch ehe er die Augen wieder ganz geöffnet hatte, schlossen sich die Tore schon wieder unter donnerndem Getöse, laut genug, Tote zu erwecken. (4)

IDRIES SHAH

8. JANUAR

O, bitte beachten Sie doch diesen herrlichen Tag! Vergessen Sie nicht, wenn Sie noch so beschäftigt sind, wenn Sie auch nur in dringendem Tagewerk über den Hof eilen, vergessen Sie nicht, schnell den Kopf zu heben und einen Blick auf diese riesigen silbernen Wolken zu werfen und auf den stillen blauen Ozean, in dem sie schwimmen. Beachten Sie doch die Luft, die von leidenschaftlichem Atem der letzten Lindenblüten schwer ist, und den Glanz und die Herrlichkeit, die auf diesem Tage liegen, denn dieser Tag kommt nie, nie wieder! Er ist Ihnen geschenkt wie eine voll aufgeblühte Rose, die zu Ihren Füßen liegt und darauf wartet, dass Sie sie aufheben und an Ihre Lippen drücken.

ROSA LUXEMBURG

9. JANUAR

Ich laufe auf dieser Welt nicht ewig herum. Zwischen der Ewigkeit vor meiner Geburt und der Ewigkeit nach meinem Tod habe ich genau meine Zeit, auf unserem kleinen Planeten zu parken.
Mein Leben ist wie mein Name, den ich in den Sand am Meer schreibe: ein kleiner Wind, und alles verweht. Was nun? Nicht traurig sein, vielmehr probieren, in der Sonne zu parken, nicht im Wespennest der Sorgen. Den Tag schön machen. Begeistert sein vom Licht, von der Liebe, von guten Menschen und guten Dingen. Freundlich sein und hilfsbereit zu den Alten, die wissen, dass ihre Parkuhr bald abgelaufen ist, zu den Kranken, den Behinderten, den Betrogenen und den vielen Unglücklichen, die keinen Platz mehr an der Sonne fanden. Mehr brauche ich eigentlich nicht zu tun, um selber glücklich zu sein. In der Sonne parken.

PHIL BOSMANS

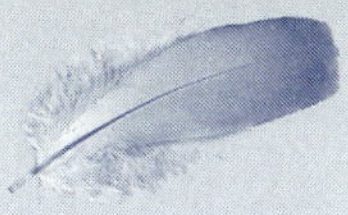

10. JANUAR

Die meisten Menschen wissen gar nicht, wie schön die Welt ist und wie viel Pracht in den kleinsten Dingen, in irgendeiner Blume, einem Stein, einer Baumrinde oder einem Birkenblatt sich offenbart. Die erwachsenen Menschen, die Geschäfte und Sorgen haben und sich mit lauter Kleinigkeiten quälen, verlieren allmählich ganz den Blick für diese Reichtümer, welche die Kinder, wenn sie aufmerksam und gut sind, bald bemerken und mit dem ganzen Herzen lieben.

RAINER MARIA RILKE

11. JANUAR

Wir können es uns nicht erlauben, nicht in der Gegenwart zu leben. Der am meisten gesegnete Sterbliche ist jener, welcher nicht einen Moment seines begrenzten Daseins damit vertut, sich an Vergangenes zu erinnern. Solange unsere Philosophie nicht jeden Hahnenschrei von jeder Farm in unserem Umkreis wahrnimmt, humpelt sie der Zeit hintendrein. Anders als unsere Philosophie beschäftigt sich jene des Hahns mit einer jüngeren Zeit. Sie verweist auf ein jüngeres Testament: das Evangelium des gegenwärtigen Augenblicks.

HENRY DAVID THOREAU

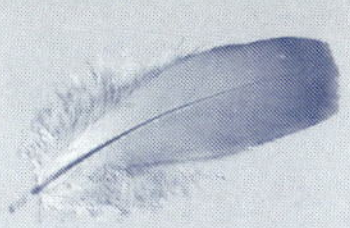

12. JANUAR

Ein Mann, der lange Zeit an einer Sache gearbeitet und sie trotz großer Hindernisse nicht aufgegeben, sondern erfolgreich zu Ende geführt hatte, wurde gefragt, wie er es geschafft habe, nicht mutlos zu werden. Er antwortete: „Haben Sie schon einmal einen Steinmetz bei der Arbeit beobachtet? Er schlägt vielleicht hundertmal auf die gleiche Stelle, ohne dass auch nur der kleinste Riss sichtbar wird. Aber beim hundertundeinten Schlag springt der Stein plötzlich entzwei. Es ist aber nicht dieser eine Schlag, der den Erfolg bringt, sondern es sind die hundert, die ihm vorausgegangen sind."

VERFASSER UNBEKANNT

13. JANUAR

Wozu brauchen wir die Zeit?
Damals, in den alten Tagen,
brauchten wir sie nie.
Wir richteten uns nach Aufgang
und Untergang der Sonne.
Wir mussten uns niemals beeilen.
Wir brauchten nie
auf die Uhr zu blicken.
Wir mussten nicht
zu einer bestimmten Zeit
bei der Arbeit sein.
Wir taten, was getan werden musste,
wenn uns danach war.
Aber wir achteten darauf, es zu tun,
bevor der Tag zu Ende ging.
Wir hatten mehr Zeit,
denn der Tag war noch ganz.

SCOTT EAGLE, INDIANER

14. JANUAR

Was heißt heute? Was heißt morgen?
Ich meine, das muss man vermischen.
Was heißt Sehnsucht, was heißt Sorgen?
Das Leben liegt grade dazwischen.

RAINER MARIA RILKE

Es kommt wohl für jeden eine Stunde, wo er mit Verwunderung vor sich selbst fragt: Wie lebt man nur! Und man lebt doch! – eine Stunde, wo er zu begreifen anfängt, dass er eine Empfindsamkeit besitzt von der gleichen Art, wie er sie an der Pflanze bewundert, die sich windet und klettert und endlich sich etwas Licht erzwingt und ein wenig Erdreich dazu und so ihren Teil Freude in einem unwirtlichen Boden sich selber schafft. In den Beschreibungen, die einer von seinem Leben macht, gibt es immer solchen Punkt, wo man staunt, wie hier die Pflanze noch leben kann und wie sie doch mit einer unerschütterlichen Tapferkeit daran geht.

FRIEDRICH NIETZSCHE

16. JANUAR

Häufig betrachte ich das Leben
so wie ein Zuschauer,
gleichsam als hätte ich
keinen Anteil daran.
Und nur bei dieser Betrachtungsweise
sieht man es richtig.

LEO N. TOLSTOI

17. JANUAR

Die Menschen glauben ehrlich, Ruhe zu suchen, suchen aber in Wirklichkeit nur Unruhe. Sie haben einen geheimen Zwang, der sie antreibt, außer Haus Zerstreuung und Beschäftigung zu suchen, und einen anderen, der sie ahnen lässt, dass das Glück in Wahrheit in der Ruhe und nicht im Gelärme des Umtriebs zu finden ist. Aus diesen zwei gegensätzlichen Zwängen schaffen sie einen verqueren Plan, der sich im Unbewussten ihrer Seele versteckt und sie dazu antreibt, die Ruhe mittels der Unruhe zu suchen und sich derweil einzureden, dass sie das begehrte Glück erhielten, wenn sie zahlreiche Erschwernisse, die sie vor sich erblicken, bewältigt hätten und dann die Pforte zu einem Leben in Ruhe öffnen könnten.

BLAISE PASCAL

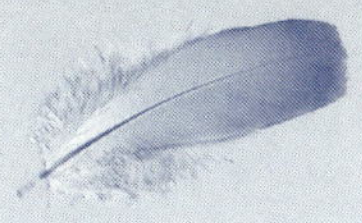

18. JANUAR

Was ist es doch, was uns so häufig anficht, welche Mücke lässt uns nicht schlafen? Es geht geisterhaft um uns zu, jeder Augenblick des Lebens will uns etwas sagen, aber wir wollen diese Geisterstimme nicht hören. Wir fürchten uns, wenn wir allein und stille sind, dass uns etwas in das Ohr geraunt werde, und so hassen wir die Stille und betäuben uns durch Geselligkeit. Dies alles begreifen wir, wie gesagt, dann und wann einmal und wundern uns sehr über alle die schwindelnde Angst und Hast und über den ganzen traumartigen Zustand unseres Lebens, dem vor dem Erwachen zu grauen scheint und das umso lebhafter und unruhiger träumt, je näher es diesem Erwachen ist.

FRIEDRICH NIETZSCHE

19. JANUAR

Es war einmal ein Mann, den verstimmte der Anblick seines eigenen Schattens so sehr, der war so unglücklich über seine eigenen Schritte, dass er beschloss, sie hinter sich zu lassen. Er sagte zu sich: Ich laufe ihnen einfach davon.
So stand er auf und lief davon. Aber jedes Mal, wenn er seinen Fuß aufsetzte, hatte er wieder einen Schritt getan, und sein Schatten folgte ihm mühelos.
Er sagte zu sich: Ich muss schneller laufen. Also lief er schneller und schneller, lief so lange, bis er tot zu Boden sank.
Wäre er einfach in den Schatten eines Baumes getreten, so wäre er seinen eigenen Schatten losgeworden, und hätte er sich hingesetzt, so hätte es keine Schritte mehr gegeben. Aber darauf kam er nicht.

DSCHUANG DSE

20. JANUAR

Wenn wir auf die Nichtigkeiten,
die eine Vergeudung unserer Kräfte
im kleinen bedeutet, genügend Acht
geben, werden wir einem vorzeitigen
Verschleiß hindernd in den Weg treten.
Wir müssen über solchen Dingen
stehen und immer Meister des
Augenblicks sein.

PRENTICE MULFORD

21. JANUAR

[Man möge] zugestehen, dass die allernächsten Dinge von den meisten sehr schlecht gesehen, sehr selten beachtet werden. Und ist dies gleichgültig? – Man erwäge doch, dass aus diesem Mangel sich fast alle leiblichen und seelischen Gebrechen der Einzelnen ableiten: nicht zu wissen, was uns förderlich, was uns schädlich ist, in der Einrichtung der Lebensweise, Verteilung des Tages, Zeit und Auswahl des Verkehres, in Beruf und Muße, Befehlen und Gehorchen, Natur- und Kunstempfinden, Essen, Schlafen und Nachdenken ...

FRIEDRICH NIETZSCHE

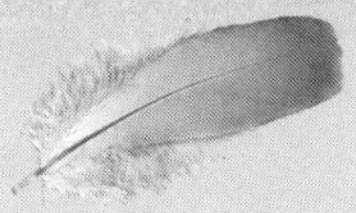

22. JANUAR

Ein hochbetagter, strenger Muslim ließ sich, zur Pilgerzeit, nach langem Drängen der Familie dazu bewegen, diesmal statt des beschwerlichen Fußwegs nach Mekka das Flugzeug zu besteigen. Zurückgekehrt und befragt, wie es denn gewesen sei, meinte der Alte: „Ich weiß es nicht. Mit dem Geist bin ich nicht in Mekka gewesen. Denn der Geist geht zu Fuß."

TÜRKISCH

23. JANUAR

Man muss so leben,
als habe man nur noch
eine Stunde Zeit und
könne nur das Allerwichtigste erledigen.
Und gleichzeitig so,
als werde man das, was man tut,
bis in alle Ewigkeit fortsetzen.

LEO N. TOLSTOI

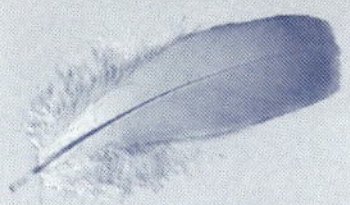

24. JANUAR

Nur für heute werde ich mich bemühen, den Tag zu erleben, ohne das Problem meines Lebens auf einmal lösen zu wollen. Nur für heute werde ich etwas tun, wozu ich eigentlich keine Lust habe. Nur für heute werde ich mich vor zwei Übeln hüten: vor der Hetze und der Unentschlossenheit. Nur für heute werde ich glauben – selbst, wenn die Umstände das Gegenteil zeigen sollten, dass Gott für mich da ist. Ich will mich nicht entmutigen lassen durch den Gedanken, ich müsste dies alles mein ganzes Leben lang durchhalten.

JOHANNES XXIII.

25. JANUAR

Der Meister sprach:
„Wer sich selbst regiert,
was sollte der für
Schwierigkeiten haben,
bei der Regierung tätig zu sein?
Wer sich selbst nicht
regieren kann, was geht den
das Regieren von andern an?“

KUNGFUTSE

26. JANUAR

Wie man fruchttragenden Äckern keine Gewalt antun darf, weil eine fortwährende Fruchtbarkeit sie rasch erschöpfen würde, so hemmt den Schwung des Geistes ununterbrochene Arbeit. Man bekommt wieder frische Kraft, wenn man ein wenig geruht und sich erholt hat. Aus der unaufhörlichen Arbeit entsteht eine gewisse Abspannung und Ermüdung. Spiel und Scherz haben eine natürliche Berechtigung, darum strebt der Mensch so begierig danach; ein zu häufiger Genuss aber raubt dem Geist allen Ernst und alle Kraft. […]. Die Gesetzgeber haben Festtage eingeführt, dass die Leute allgemein zur Fröhlichkeit gezwungen würden; damit schoben sie zwischen die Arbeiten eine notwendige Erholung ein. Manche großen Männer richteten sich jeden Monat bestimmte Feiertage ein; andere teilten jeden Tag zwischen Ruhe und Geschäften.

MARA RICE

27. JANUAR

Was wissen der Angstmensch,
der Sicherheitsmensch, der Lohnarbeitsmensch, der Verteidigungsmensch, der Sorgenmensch, der Geschichtsmensch, der Planungsmensch vom Leben? Wenn wir aufzählen, was unsere Lebensinhalte ausmacht, so ergibt sich in der Summe viel Versäumnis und wenig Erfüllung, viel dumpfer Traum und wenig Gegenwart. Hier heißt Leben noch-nicht-tot-sein. Wieder leben lernen führt über eine große Erinnerungsarbeit, jedoch eine, die nicht nur Geschichten aufrührt. Die innerste Erinnerung führt nicht auf eine Geschichte, sondern eine Kraft. Sie berühren heißt ekstatische Flut erfahren. Diese Erinnerung mündet nicht in eine Vergangenheit, sondern in ein überschwängliches Jetzt.

PETER SLOTERDIJK

28. JANUAR

Das Bild der Sonne in einem Tautropfen ist nicht weniger als die Sonne selbst. Das Abbild des Lebens in eurer Seele ist nicht weniger wert als das Leben selbst. Ein Tropfen des Taues spiegelt das Licht wider, denn es ist eins mit dem Licht, und ihr seid ein Ebenbild des Lebens, denn ihr und das Leben seid eins.
Wenn euch Dunkelheit umhüllt, sagt:
„Die Dunkelheit ist eine Morgendämmerung, die darauf wartet, geboren zu werden; und selbst wenn die Qualen der Nacht auf mir lasten, der Morgen wird geboren sein, in mir wie auf den Hügeln."
Der Tautropfen, der eine Perle bildet im Kelch der Lilie, ist wie ihr, wenn ihr eure Seele in Gottes Herz legt. – Wenn ein Tautropfen sagt:
„Werde ich auch in tausend Jahren ein Tautropfen sein?", dann antwortet ihm:
„Weißt du nicht, dass das Licht aller Zeiten in deinem Wesen scheint?"

KAHLIL GIBRAN

29. JANUAR

Pack diesen Tag mit beiden Händen an. Nimm an, was dieser Tag dir gibt: sein Licht, seine Luft und sein Leben, seine Arbeit und seine Mühen, sein Lachen und sein Weinen. Das Wunder dieses Tages.

Fangen wir jeden Morgen neu an und machen wir jeden Abend einen Punkt, blättern wir die Seite um. Wenn wir keinen Punkt machen, sitzen wir hoffnungslos fest. Geben wir jeden Abend unser Blatt ab, so wie es ist, mehr oder weniger vollgeschrieben. Legen wir es in die mütterlichen Hände eines liebenden Vaters. Dann können wir morgen neu anfangen.

PHIL BOSMANS

30. JANUAR

Tröste dich, die Stunden eilen,
Und was all dich drücken mag,
Auch das Schlimmste kann nicht weilen,
Und es kommt ein andrer Tag.

In dem ew'gen Kommen, Schwinden,
Wie der Schmerz liegt auch das Glück,
Und auch heitre Bilder finden
Ihren Weg zu dir zurück.

Harre, hoffe. Nicht vergebens
Zählest du der Stunden Schlag:
Wechsel ist das Los des Lebens,
Und – es kommt ein andrer Tag.

THEODOR FONTANE

31. JANUAR

Lieber Mensch,
deine ganze Vergangenheit
hast du schon auf dem Buckel
und willst dir auch noch
deine ganze Zukunft aufladen?
Das ist zu viel.
Du bekommst zu leben
in Portionen
von vierundzwanzig Stunden.
Warum denn alles auf einmal?
Dafür bist du nicht geschaffen.
Das macht dich fertig.
Lebe den Tag.

PHIL BOSMANS

FEBRUAR

WIR LASSEN
ALLE UHREN ZERSCHLAGEN

1. FEBRUAR

Könnte ich mein Leben noch einmal
von vorn beginnen, würde ich versuchen,
mehr Fehler zu machen.
Ich würde alberner sein, würde ganz
locker werden, nur noch ganz wenige
Dinge ernst nehmen.
Ich würde entschieden verrückter sein
und weniger reinlich.
Ich würde mehr Gelegenheiten
beim Schopfe ergreifen und öfters auf
Reisen gehn.
Ich würde mehr Berge ersteigen,
mehr Flüsse durchschwimmen und
mehr Sonnenaufgänge auf mich
wirken lassen.
Ich würde mehr Schuhsohlen durchlaufen,
mehr Eis und weniger Bohnen essen.
Ich würde mehr echte Probleme und
weniger eingebildete Nöte haben. (1)

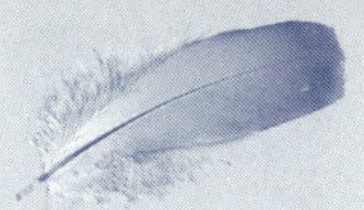

2. FEBRUAR

Wie Sie bemerkt haben werden,
bin ich eine von denen, die vorsorglich,
vernünftig und gesund leben,
Stunde für Stunde, Tag für Tag.
Nun, ich habe meine verrückten
Augenblicke, aber wenn ich noch
einmal von vorn anfangen könnte,
würde ich mehr verrückte Augenblicke
haben – genau gesagt:
Augenblicke, einen nach dem andern,
und nichts mehr von Plänen zehn Jahre
voraus.
Wissen Sie, ich bin eine von denen,
die für alle Fälle Thermometer,
Wärmeflasche, Gurgelwasser,
Regenmantel und Fallschirm
bei sich haben.
Hätte ich ein zweites Leben,
ich würde sie zu Hause lassen. (2)

3. FEBRUAR

Könnte ich mein Leben noch einmal
von vorn beginnen, ich würde
in aller Herrgottsfrühe barfuß
in den Frühlingsmorgen laufen
und als letzte sagen:
Jetzt ist der Herbst dahin.
Ich würde mehr Hockey spielen,
und vom Karussell würden sie mich
nicht mehr herunterbringen. (3)

GERTRUDE WILKINSON

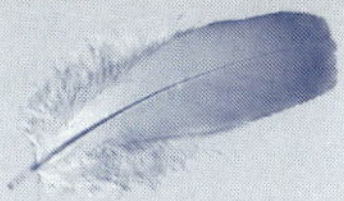

4. FEBRUAR

Wir lassen alle Uhren zerschlagen,
alle Kalender verbieten,
zählen Stunden und Monde
nur noch nach der Blumenuhr,
nur nach Blüte und Frucht.

GEORG BÜCHNER

5. FEBRUAR

Aufstehen, Straßenbahn, vier Stunden Büro oder Fabrik, Essen, Straßenbahn, vier Stunden Arbeit, Essen, Schlafen, Montag, Dienstag, Mittwoch, Donnerstag, Freitag, Samstag, immer derselbe Rhythmus – das ist sehr lange ein bequemer Weg. Eines Tages aber steht das „Warum" da, und mit diesem Überdruss, in den sich Erstaunen mischt, fängt alles an. „Fängt an" – das ist wichtig. Der Überdruss ist das Ende eines mechanischen Lebens, gleichzeitig aber auch der Anfang einer Bewusstseinsregung. Er weckt das Bewusstsein und bereitet den nächsten Schritt vor. Der nächste Schritt ist die unbewusste Umkehr in die Kette alltäglicher Gebärden oder das endgültige Erwachen.

ALBERT CAMUS

6. FEBRUAR

Von einer langen Geschäftsreise schickt Mendel seiner Frau einen Brief. „Vor allem will ich dir sagen, dass es mir gut geht. Ich hoffe, dass der Allmächtige dir dasselbe beschert. Zweitens möchte ich dich darum bitten, mir in das gewohnte Hotel in Kiew deine Schuhe zu schicken. Du wirst dich fragen, warum deine und nicht meine Schuhe. Wenn ich dich bäte: ‚Schicke mir meine Schuhe', würdest du lesen ‚meine Schuhe' und denken, es handele sich um deine und nicht um meine Schuhe. Deswegen schreibe ich dir ‚deine Schuhe', du wirst ‚deine Schuhe' lesen und du wirst meine Schuhe und nicht deine verstehen. Ich bitte dich also, schicke mir deine Schuhe!"

JÜDISCHER WITZ

7. FEBRUAR

Rabbi Chanoch erzählte: „Es gab einmal einen Toren, den man den Golem nannte, so töricht war er. Am Morgen beim Aufstehn fiel es ihm immer so schwer, seine Kleider zusammenzusuchen, dass er am Abend, dran denkend, oft Scheu trug, schlafen zu gehn. Eines Abends fasste er sich schließlich ein Herz, nahm Zettel und Stift zur Hand und verzeichnete beim Auskleiden, wo er jedes Stück hinlegte. Am Morgen zog er wohlgemut den Zettel hervor und las: ‚Die Mütze' – hier war sie, er setzte sie auf, ‚die Hosen', da lagen sie, er fuhr hinein, und so fort, bis er alles anhatte. ‚Ja aber, wo bin ich denn?', fragte er sich nun ganz bang, ‚wo bin ich geblieben?' Umsonst suchte und suchte er, er konnte sich nicht finden." – „So geht es uns", sagte der Rabbi.

MARTIN BUBER

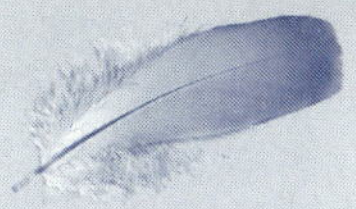

8. FEBRUAR

Rennt dem scheuen Glücke nach!
Freunde, rennt euch alt und schwach!
Ich nehm teil an eurer Müh:
Die Natur gebietet sie.
Ich, damit ich auch was tu,
Seh euch in dem Lehnstuhl zu.

GOTTHOLD EPHRAIM LESSING

9. FEBRUAR

Überlass es der Zeit.
Erscheint Dir etwas unerhört,
Bist Du tiefsten Herzens empört,
Bäum' dich nicht auf, versuch's nicht mit Streit,
Berühr' es nicht, überlass es der Zeit.
Am ersten Tage wirst Du feige Dich schelten,
Am zweiten lässt Du Dein Schweigen schon gelten,
Am dritten hast Du's überwunden,
Alles ist wichtig nur auf Stunden,
Ärger ist Zehrer und Lebensvergifter,
Zeit ist Balsam und Friedenstifter.

THEODOR FONTANE

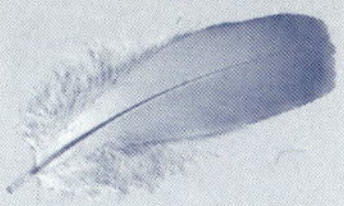

10. FEBRUAR

Man kann ein paar Stunden lang mit
untergeschlagenen Beinen in ein
und derselben Stellung dasitzen,
wenn man weiß, dass einen nichts
hindert, diese Stellung zu ändern;
aber wenn der Mensch weiß, dass er
so mit untergeschlagenen Beinen sitzen
muss, dann bekommt er einen Krampf,
und die Beine zucken und drängen
dahin, wohin er sie ausstrecken möchte.

LEO N. TOLSTOI

11. FEBRUAR

Es bedarf der Mensch, der gewöhnlich sein Leben in Zerstreuung und Leichtsinn vor sich hinlebt und immer voraneilt, ohne zu wissen, was ihn eigentlich treibt und was er eigentlich will, in seinem Lauf von Zeit zu Zeit angehalten und zu sich selbst zurückgeführt zu werden; er bedarf eines Steins am Wege, auf den er sich hinsetze und in sein vergangenes Leben zurücksehe.

MATTHIAS CLAUDIUS

12. FEBRUAR

Manchmal gehe ich an kleinen Läden vorbei in der rue de Seine etwa. Händler mit Altsachen oder kleine Buchantiquare oder Kupferstichverkäufer mit überfüllten Schaufenstern. Nie tritt jemand bei ihnen ein, sie machen offenbar keine Geschäfte. Sieht man aber hinein, so sitzen sie, sitzen und lesen, unbesorgt; sorgen nicht um morgen, ängstigen sich nicht um ein Gelingen, haben einen Hund, der vor ihnen sitzt, gut aufgelegt, oder eine Katze, die die Stille noch größer macht, indem sie die Bücherreihen entlangstreicht, als wischte sie die Namen von den Rücken. Ach, wenn das genügte: Ich wünschte manchmal, mir so ein volles Schaufenster zu kaufen und mich mit einem Hund dahinterzusetzen für zwanzig Jahre.

RAINER MARIA RILKE

13. FEBRUAR

Wer glaubt, sein Leben durch äußere Umstände ändern zu können, dem ergeht es wie einst mir als kleinem Jungen, als ich glaubte, wenn ich mich auf einen Stock setzte und beide Enden anfasste, könnte ich mich in die Luft erheben.

LEO N. TOLSTOI

14. FEBRUAR

Wenn du die Lage einer Hütte auf einem Berge betrachtest, so machst du leicht deinen Standpunkt zu dem ihrigen, uneingedenk dessen, daß sich die Welt von da droben ganz anders ausnimmt als von dir aus. Ja, dies verhält sich bis zu einem gewissen Grade selbst dann noch so, wenn du dich mit aller Einbildungskraft auf ihren Standpunkt zu versetzen bemühst.
Um einen Standpunkt ganz verstehen und würdigen zu können, muß man diesen Standpunkt selbst einnehmen oder wenigstens einmal eingenommen haben.

CHRISTIAN MORGENSTERN

15. FEBRUAR

Aufatmen – mitten im Einerlei des Alltags eine Insel finden, auf der ich verweilen kann. Augenblicklang ich selbst sein – ganz ich selbst. Spüren, dass Leben mehr ist als der tagtägliche Kreislauf, in dem ich einen Sinn suche, der sich nicht finden lässt. Schweigen auskosten. Mich Eindrücken öffnen, die ich in der Hast des Tages nicht aufzunehmen vermag. Gedanken festhalten, die mir sonst entgleiten. Worte suchen, die für mich Bedeutung haben.
Mich zwischen den Zeilen bewegen, die mir stündlich, täglich, jährlich vorgeschrieben werden. Auskosten, was es heißt, eine Spanne Zeitlosigkeit inmitten der Zeit und ihrem Dahineilen zu erleben. Boden unter die Füße bekommen, den mir niemand streitig machen kann, weil er uns allen zu eigen ist. Ruhen, von aller Ruhelosigkeit ausruhen.

KIRSTEN MUTSCHEID

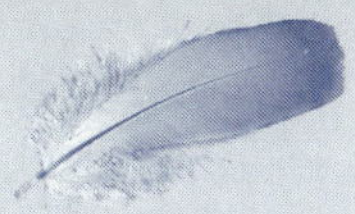

16. FEBRUAR

Neulich habe ich einen Hund gesehen – der ging ins Geschäft. Er war eine Art gestopfter Sofarolle, mit langen Felltroddeln als Behang, und er wackelte die Leipziger Straße zu Berlin herunter; ganz ernsthaft ging er da und sah nicht links noch rechts und beroch nichts, und etwas anderes tat er schon gar nicht. Er ging ganz zweifellos ins Geschäft. Und wie hätte er das auch nicht tun sollen? Alle um ihn taten es.
Da rauschte der Strom der Insgeschäftgeher durch die Stadt. Morgen für Morgen taten sie so. Sie trotteten dahin, sie gingen zum Heiligsten, wo der Deutsche hat, zur Arbeit. Der Hund hatte da eigentlich nichts zu suchen – aber wenn auch er zur Arbeit ging, so sei er willkommen. (1)

17. FEBRUAR

Es saßen zwei ernste Männer in der Bahn und sahen, rauchend, satt, rasiert und durchaus zufrieden, durch die Glasscheiben. Man wünscht sich in solchen Augenblicken ein Wunder herbei, etwa, dass dem Polizeisoldaten an der Ecke Luftballons aus dem Helm steigen, nur damit jene einmal Maul und Nase aufsperrten! Da fuhr die Bahn an einem Tennisplatz vorüber. Die güldene Sonne spielte auf den hellgelben Flächen – es war strahlendes Wetter, viel zu schön für Berlin. Und einer der ernsten Männer murrte: „Haben auch nichts zu tun, sehen Sie mal! Morgens um acht Uhr Tennis spielen! Sollten auch lieber ins Geschäft gehen –!“ (2)

18. FEBRUAR

Ja, das sollten sie. Denn für die Arbeit ist der Mensch auf der Weit, für die ernste Arbeit, die wo den ganzen Mann ausfüllt. Ob sie einen Sinn hat, ob sie schadet oder nützt, ob sie Vergnügen macht („Arbeet soll Vajniejen machen? Ihnen piekt er woll?“) –: Das ist alles ganz gleich. Es muss eine Arbeit sein. Und man muss morgens hingehen können. Sonst hat das Leben keinen Zweck. Und stockt einmal der ganze Betrieb, streiken die Eisenbahner oder ist gar Feiertag: Dann sitzen sie herum und wissen nicht recht, was sie mit sich anfangen sollen. Drin ist nichts in ihnen, und draußen ist auch nichts: Also was soll es? Es soll wohl gar nicht ... (3)

19. FEBRUAR

Und dann laufen sie umher wie Schüler, denen versehentlich eine Stunde ausgefallen ist – nach Hause gehen kann man nicht, und zum Spaßen ist man nicht aufgelegt … sie dösen und warten. Auf den nächsten Arbeitstag. Daran, unter anderem, ist die deutsche Revolution gescheitert: Sie hatten keine Zeit, Revolution zu machen, denn sie gingen ins Geschäft. Wobei betont sein mag, dass man auch im Sport dösen kann, der augenblicklich wie ein Kartenspiel betrieben wird: fein nach Regeln und hervorragend stumpfsinnig. Aber schließlich ist es immer noch besser zu trainieren, als im schwarzen Talar Unfug zu treiben … – Ja, sie gehen ins Geschäft. „Was für ein Geschäft treibt ihr?“ – „Wir treiben keins, Herr. Es treibt uns.“ […] Und das verlockende, niedrig hängende patriotische Plakat … der Hund ließ es außer acht. Er ging ins Geschäft. (4)

KURT TUCHOLSKY

20. FEBRUAR

Glück ist unser natürlicher Zustand. Glück ist der natürliche Zustand kleiner Kinder, ihnen gehört das Königreich, bis die Dummheit der Gesellschaft und Kultur sie angesteckt und verdorben hat. Um das Glück zu erlangen, musst du gar nichts tun, denn das Glück kann man nicht erlangen. Weißt du auch warum? Weil wir es schon haben. Wie soll man auch etwas erlangen, was man schon besitzt?
Aber warum erfährst du es dann nicht? Weil du zuerst etwas verlieren musst, und zwar deine Illusionen. Du brauchst nichts Zusätzliches, um glücklich zu sein; im Gegenteil, du musst etwas verlieren. Das Leben ist leicht, das Leben macht Spaß. Es ist nur hart zu deinen Illusionen, Ambitionen, Sehnsüchten. – Weißt du, woher das alles kommt? Daher, dass du dich mit allen möglichen Aufklebern identifiziert hast.

ANTHONY DE MELLO

21. FEBRUAR

Die großen Fragen interessieren mich nicht, und ich nehme das Leben, auch jetzt noch, am liebsten als ein Bilderbuch, um darin zu blättern. Über Land fahren und an einer Waldecke sitzen, zusehen, wie das Korn geschnitten wird und die Kinder die Mohnblumen pflücken, oder auch wohl selber hingehen und einen Kranz flechten und dabei mit kleinen Leuten von kleinen Dingen reden: einer Geiß, die verloren ging, oder von einem Sohn, der wiederkam, das ist meine Welt.

THEODOR FONTANE

22. FEBRUAR

Viele meinen, wenn sie keine Sehnsüchte hätten, wären sie wie ein Stück Holz. In Wirklichkeit würden sie jedoch ihre Verspanntheit verlieren. Befreie dich von deiner Angst zu versagen, von deiner Anspannung, Erfolg haben zu müssen, und du wirst bald du selbst sein. Entspannt. Du wirst dann nicht mehr mit angezogener Handbremse fahren. Genau all das wird geschehen.

ANTHONY DE MELLO

23. FEBRUAR

Ich liebe den Clown, er ist ein wunderbarer Mann. Er existiert nie für sich, allein ist er kein Clown mehr. Er tritt aus seinem Ich heraus, um den Menschen zu gehören. Er geht in die Torheit der Menschen hinein und bringt sie zum Lachen über sich selbst. Er stellt alles auf den Kopf: Hochnäsigkeit zappelt am Boden, Selbstherrlichkeit wird lächerlich. Er schlüpft in die Haut derer, die stets die Dummen sind, die Zukurzgekommenen und die Hereingelegten. Sie sind wahre Lebenskünstler, weil sie alles relativieren und weil sie lachen können über ihr eigenes Elend.
Nur der Clown kann lachen, wenn er weint. Und wenn er weint, lachen die Menschen. Sie vergessen ihre Sorgen. Sie lachen Tränen. Er ist ein wunderbarer Therapeut.

PHIL BOSMANS

24. FEBRUAR

Ich halte die Rasttage auf der Lebensreise für ein großes Glück. Das Immer-im-Trabe-sein drückt nieder, macht alles Schwere und Prosaische noch schwerer und prosaischer, als es ohnehin schon ist, und raubt dem Leben allen „charme“. Diesen „charme“, wenigstens nach meiner mehr heitern und sehr unasketischen Lebensauffassung, soll man ihm aber nicht rauben. Der Ostwind pfeift noch mal rau dazwischen. Aber solange keine Wolken da sind, freue man sich des himmlischen Lichts.

THEODOR FONTANE

25. FEBRUAR

Wunderliches Wort: die Zeit vertreiben!
Sie zu halten, wäre das Problem.
Denn, wen ängstigts nicht:
wo ist ein Bleiben,
wo ein endlich Sein in alledem? –

Sieh, der Tag verlangsamt sich, entgegen
jenem Raum, der ihn nach Abend nimmt:
Aufstehn wurde Stehn,
und Stehn wird Legen,
und das willig Liegende verschwimmt –

Berge ruhn, von Sternen überprächtigt; –
aber auch in ihnen flimmert Zeit.
Ach, in meinem wilden Herzen nächtigt
obdachlos die Unvergänglichkeit.

RAINER MARIA RILKE

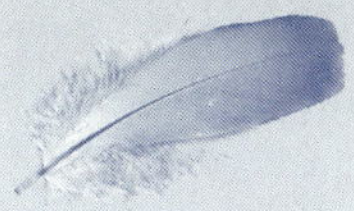

26. FEBRUAR

Das Leben gleicht einem schönen Wandteppich. Betrachtet man den Wandteppich von der richtigen Seite, ist er ein fehlerlos gewebtes Kunstwerk. Wendet man ihn aber auf die andere Seite, sieht man ein Gewirr vieler Fäden. […]
Dieser Wandteppich gleicht dem Leben. Gott hat für das Leben jedes Menschen ein Muster gewebt, das wie ein Wandteppich zwei Seiten hat. Die Fäden, mit denen das Bild auf dem Teppich geknotet ist, symbolisieren die Lebensstationen. Von der einen Seite aus – also vom Menschen aus gesehen, scheint dieses Muster wirr und zusammenhanglos. Von der anderen Seite – also aus Gottes Perspektive – hat jeder Knoten und jeder Faden seinen Platz. Es entsteht das Bild eines harmonischen Kunstwerks, wie Gott unser Leben gewoben hat.

HAROLD KUSHNER NACH THORNTON WILDER

27. FEBRUAR

Zu Fuß gehen verändert dein Leben. Herz, Lungen, Beine werden dir dankbar sein. Der Kreislauf bleibt im Schwung. Frische Luft macht einen klaren Kopf. Du begegnest wieder Menschen.
Lass das Auto einmal stehen, vor allem, wenn das Wetter schön ist. Genieße das Gespräch, das Lachen und das Spielen mit Kindern. Gib die Straße den Menschen zurück, den Kindern und den alten Leuten. Machen wir den Kern des Dorfes und das Herz der Stadt autofrei, zu einer Oase für einfache Menschen, zu einer Oase mit sauberer Luft und mit Herzlichkeit.

PHIL BOSMANS

28. FEBRUAR

Eigentlich ist alles soso,
Heute traurig, morgen froh,
Frühling, Sommer, Herbst und Winter,
Ach, es ist nicht viel dahinter.

Aber mein Enkel, so viel ist richtig,
Wird mit nächstem vorschulpflichtig,
Und in etwa vierzehn Tagen
Wird er eine Mappe tragen.
Löschblätter will ich ins Heft ihm kleben –
Ja, das möcht' ich noch erleben.

Doch wie tief herabgestimmt
Auch das Wünschen Abschied nimmt,
Immer klingt es noch daneben:
Ja, das möcht' ich noch erleben.

THEODOR FONTANE

29. FEBRUAR

Wenn du zum Tor des Lebens gelangen willst, musst du aufbrechen, einen Weg suchen, der auf keiner Karte verzeichnet und in keinem Buch beschrieben ist. Dein Fuß wird an Steine stoßen, die Sonne wird brennen und dich durstig machen, deine Beine werden schwer werden. Die Last der Jahre wird dich niederdrücken. Aber irgendwann wirst du beginnen, diesen Weg zu lieben. Weil du erkennst, dass es dein Weg ist. Du wirst straucheln und fallen, aber die Kraft haben, wieder aufzustehen. Du wirst Umwege und Irrwege gehen, aber dem Ziel näherkommen. Alles kommt darauf an, den ersten Schritt zu wagen. Denn mit dem ersten Schritt gehst du durch das Tor.

WOLFGANG POEPLAU

MÄRZ

WAS IST TRAUM,
WAS WIRKLICHKEIT?

1. MÄRZ

Oh, wer sich jederzeit in einem Moment über die Dinge um sich erheben könnte! Denn was uns drückt und quält, was uns ruhelos von Stimmung zu Stimmung jagt, es ist zumeist das Kleinliche, Nebensächliche des Alltagslebens, in das wir uns häufig viel zu eng verstricken lassen. Gehen doch die Menschen unserer Zeit nicht wie souveräne Herrscher durch ihr Reich, die Welt, sondern wie Sklaven, unter unzählige Joche gebückt, die sie sich selbst oder die ihnen die Verhältnisse schaffen. So wird durch eigene Schuld und Druck von außen die herrliche Menschengestalt zusammengeschnürt mit dem Strick des Vorurteils, der Selbstgefälligkeit, der Unwissenheit und andrerseits des Kampfes ums tägliche Brot, [...] daß ihr die Wälder vergeblich duften und ihr umsonst Sonne und Sterne strahlen.

CHRISTIAN MORGENSTERN

2. MÄRZ

Es wird zu unserem Glück beitragen, wenn wir beizeiten die simple Einsicht erlangen, dass jeder zunächst und wirklich in seiner eigenen Haut lebt, nicht aber in der Meinung anderer, und dass demnach unser realer und persönlicher Zustand, wie er durch Gesundheit, Temperament, Fähigkeiten, Einkommen, Frau, Kind, Freunde, Wohnort usw. bestimmt wird, für unser Glück hundertmal wichtiger ist, als was es anderen beliebt, aus uns zu machen. Der entgegengesetzte Wahn macht unglücklich.

ARTHUR SCHOPENHAUER

3. MÄRZ

Der Meister sprach:
„Ich war fünfzehn,
und mein Wille stand aufs Lernen,
mit dreißig stand ich fest,
mit vierzig hatte ich keine Zweifel mehr,
mit fünfzig war mir das Gesetz des
Himmels kund,
mit sechzig war mein Ohr aufgetan,
mit siebzig konnte ich meines Herzens
Wünschen folgen, ohne das Maß zu
übertreten."

KUNGFUTSE

4. MÄRZ

Was der Zufall von außen bringt, ist nur vorübergehend. Das Vorübergehende soll man nicht abweisen, wenn es kommt, und nicht festhalten, wenn es geht. Deshalb soll man nicht um äußerer Auszeichnung willen selbstsüchtig in seinen Zielen werden, noch um äußerer Not und Schwierigkeit willen. Dann ist unsere Freude die gleiche im Glück und Unglück, und man ist frei von allen Sorgen. Heute aber verlieren die Leute ihre Freude, wenn das Vorübergehende sie verlässt. Von diesem Gesichtspunkt aus sind sie auch in ihrer Freude immer in Unruhe.

DSCHUANG DSI

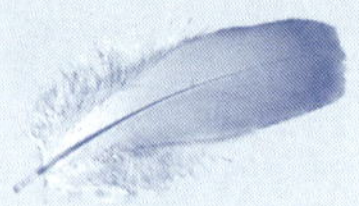

5. MÄRZ

Wahre Jugend ist vom Alter unabhängig. Ein rüstiger Greis kann unter Umständen mehr Jugendkraft besitzen als ein abgelebter Jüngling, denn wahre Jugend bedeutet unaufhörliche Kraft und Lebendigkeit des Geistes, anhaltendes Streben, zu höheren Zielen des Lebens zu gelangen.

PRENTICE MULFORD

Im hohen Alter, so glauben gewöhnlich die anderen, oft aber auch die Greise selbst, lebt man nur die einem noch verbliebene Zeit ab. Das Gegenteil ist der Fall, das hohe Alter ist – sowohl für die alten Menschen selbst wie auch für die anderen – der wertvollste und notwendigste Lebensabschnitt. Der Wert unseres Lebens ist der Entfernung vom Tode quadratisch umgekehrt proportional. Es wäre schön, wenn die alten Menschen selbst und auch ihre Umgebung dies begriffen.

LEO N. TOLSTOI

7. MÄRZ

Nur nicht rückwärts schauen,
sondern immer vorwärts,
zuletzt immer über dieses Leben hinaus.
Rückwärtsschauen nützt gar nichts,
außer um etwas gutzumachen,
das noch zu verbessern ist,
vor begangenen Fehlern sich zu hüten
und empfangene Wohltaten
dankbar zu vergelten.

CARL HILTY

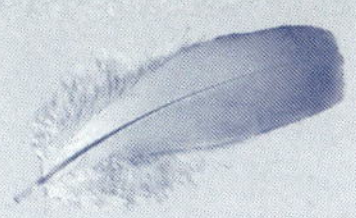

8. MÄRZ

Wer die Bedingungen des Lebens versteht, wird sich nicht mühen um Dinge, die für das Leben überflüssig sind. Wer die Bedingungen des Schicksals kennt, wird sich nicht mühen um die Dinge, die wir nicht wissen können. Angewiesen sind wir auf Besitz, um unseren Leib erhalten zu können, und doch geschieht es, dass einer Besitz im Überfluss hat und damit doch nicht seinen Leib erhalten kann. Wir sind darauf angewiesen, um das Leben zu erhalten, dass unser Leib nicht von uns getrennt wird, und doch geschieht es, dass einer nicht von seinem Leib getrennt wird und doch sein Leben zugrunde geht. Wenn das Leben kommt, lässt es sich nicht abweisen; wenn es geht, lässt es sich nicht festhalten.

DSCHUANG DSI

9. MÄRZ

Zum Zen-Meister Hiroshi kam ein alter Mann und sagte: „Ich habe die Sechzig erreicht, aber ich fürchte, noch nicht genug über das Leben zu wissen. Was soll ich tun?“ Der Meister sagte: „Dann weißt du zuviel. Geh!“
Danach kam ein junger Mann zu ihm, der sagte: „Ich habe fünfzehn Jahre studiert und weiß schon viel. Wie wird man aber so weise wie du?“
Der Meister sagte: „Da ging eben ein Wissender von mir. Eil ihm nach!“
Und es kam ein Dritter, der sagte: „Ich bin in mittleren Jahren, doch ich komme mir schon wie ein Greis vor. Was soll ich tun?“
Der Meister sagte: „Da gingen eben zwei unerfahrene Jünglinge von mir. Frag sie!“

ZEN-BUDDHISMUS

Steh froh auf zu deinem Werktag, wenn du es kannst. Und kannst du es nicht, was hindert dich daran? Ist da etwas Schweres im Wege? Was hast du gegen das Schwere? Dass es dich töten kann. Es ist also mächtig und stark. Das weißt du von ihm. Und was weißt du vom Leichten? Nichts. An das Leichte haben wir gar keine Erinnerung. Selbst wenn du also wählen dürftest, müßtest du nicht eigentlich das Schwere wählen? Fühlst du nicht, wie verwandt es mit dir ist? … Meinst du, dem Keim wäre es nicht leichter, in der Erde zu bleiben? – Es gibt gar nicht ein Leichtes und ein Schweres. Das Leben selbst ist das Schwere. Und leben willst du doch? Du irrst also, wenn du das Pflicht nennst, dass du das Schwere auf dich nimmst. Es ist Selbsterhaltungstrieb, was dich dazu drängt. Was aber ist denn Pflicht? Pflicht ist, das Schwere zu lieben …

RAINER MARIA RILKE

11. MÄRZ

[…] dann die innere Landschaft, die die Seele aus ihrem Zustand vor der Geburt mit in die Welt bringt, die das Wesen und die Farbe des Traumes bestimmt, des Traumes in der weitesten Bedeutung, wie überhaupt die heimlichen und unbewussten Richtwege des Geistes, die sein Klima sind, seine eigentliche Heimat. Nicht etwa nur Phantasiegestaltung von Meer und Gebirge, Höhle, Park, Urwald, das paradiesisch Ideale der unreifen Sehnsucht, der Aus- und Zuflucht alles Ungenügens an der Gegenwart, ist unter der inneren Landschaft zu verstehen, vielmehr ist sie der Kristall des wahren Lebens selbst.

JAKOB WASSERMANN

12. MÄRZ

Warten können – es beweist ein großes Herz mit Reichtum an Geduld, wenn man nie in eiliger Hitze, nie leidenschaftlich ist. Erst sei man Herr über sich: So wird man es nachher über andere sein. Nur durch die weiten Räume der Zeit gelangt man zum Mittelpunkte der Gelegenheit. Weise Zurückhaltung bringt die richtigen, lange geheim zu haltenden Beschlüsse zur Reife. Die Krücke der Zeit richtet mehr aus als die eiserne Keule des Herkules. Gott selbst züchtigt nicht mit dem Knittel, sondern mit der Zeit. Es war ein großes Wort: „Die Zeit und ich nehmen es mit zwei andern auf." Das Glück selbst krönt das Warten durch die Größe des Lohns.

BALTASAR GRACIÁN

13. MÄRZ

Die Liebe zum Leben nimmt fast im selben Maße zu wie die Liebe zum Geld, und zwar wächst sie wie jene in dem Grad, in dem sie abnehmen sollte. Junge Menschen schätzen ihr Leben gering und vergeuden es, wiewohl es köstlich ist und wiewohl sie noch viel vor sich haben; und sie fürchten sich nicht vor dem Tod. Die Alten hingegen fürchten den Tod sehr und sorgen sich gewaltig um ihr Dasein, obschon unter keinen Umständen viel da ist, an das sie sich noch klammern können. Der Junge verschwendet, als müsse er in wenigen Tagen von hinnen; und der Alte sammelt und stapelt auf und spart, als habe er für ein ganz langes Leben Vorsorge zu treffen.

GIACOMO LEOPARDI

14. MÄRZ

Des Jahres Maß füllen vier Zeiten aus; vier Jahreszeiten sind in des Menschen Geist. Ihm sprießt sein Frühling, wenn hell die Phantasie alle Schönheit mit mühelosem Griff umfasst. Er hat seinen Sommer, wenn er in seinen Träumen dem Himmel am nächsten kommt. Friedliche Winkel findet seine Seele in ihrem Herbst, wenn sie die Schwingen faltet und zufrieden ist. Er hat auch seinen Winter voll bleicher Hässlichkeit, sonst könnte er vergessen, dass er sterblich ist.

JOHN KEATS

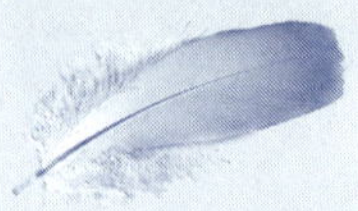

15. MÄRZ

Welches sind die Hauptbedingungen eines irdischen Glücks, die Bedingungen, über die niemand streiten würde? Eine der ersten und von allen anerkannten Bedingungen zum Glück ist ein Leben, in welchem der Zusammenhang des Menschen mit der Natur nicht zerstört ist, d. i. ein Leben unter freiem Himmel, bei Sonnenlicht und freier Luft, Gemeinschaft mit der Erde, mit Pflanzen und Tieren. Alle Menschen haben stets die Entbehrung alles dessen für ein großes Unglück angesehen ...
Eine andere unzweifelhafte Vorbedingung zum Glücke ist – Arbeit: erstens angenehme und freie Arbeit; zweitens physische Arbeit, die Appetit und festen, beruhigenden Schlaf gibt ... – Die dritte zweifellose Bedingung des Glücks ist die Familie. – Die vierte Bedingung des Glücks ist eine freie, liebevolle Gemeinschaft mit all den verschiedenartigen Menschen der Welt ...

LEO N. TOLSTOI

Welches ist der Sinn unseres Lebens, welches der Sinn des Lebens aller Lebewesen überhaupt? Eine Antwort auf diese Frage wissen, heißt religiös sein. Du fragst: Hat es denn überhaupt einen Sinn, diese Frage zu stellen? Ich antworte: Wer sein eigenes Leben und das seiner Mitmenschen als sinnlos empfindet, der ist nicht nur unglücklich, sondern auch kaum lebensfähig.

ALBERT EINSTEIN

17. MÄRZ

Wollen wir stark sein? –
wir müssen arbeiten.
Hungrig? – wir müssen fasten.
Glücklich? – wir müssen gütig sein.
Weise? – wir müssen sehen und denken.
Dass wir hundert Meilen in der Stunde zurücklegen, tausend Ellen in der Minute fabrizieren können, wird uns nicht um das Geringste stärker, glücklicher oder weiser machen.

JOHN RUSKIN

Das Glück des Menschen –
ich habe seine tiefsten Gründe gesucht,
und das habe ich herausgefunden:
Der Grund liegt nicht im Geld oder
Besitz oder Luxus, nicht im Nichtstun
oder Geschäfte machen, nicht im
Leisten oder Genießen. Bei glücklichen
Menschen fand ich immer tiefe
Geborgenheit als Grund, spontane
Freude an kleinen Dingen und eine
große Einfachheit.

PHIL BOSMANS

19. MÄRZ

Das Menschenleben ist eine fortgehende Schule: Der Staatsmann wie der Bauer muss jeden Morgen die Erfahrungen von gestern sammeln, das Verbrauchte umwenden und erneuern; unsere Seele muss, wenn sie nicht verkommen will, jeden Tag ihre Wäsche wechseln. Der moralische Mensch hat so gut seine Respiration wie der physische, und nur durch diese bleiben wir lebendig. Wir bleiben nicht gut, wenn wir nicht immer besser zu werden trachten, und zu diesem Zweck bedarf es nicht einmal des Gedankens der Unsterblichkeit; schon für diese sechzig oder siebzig Jahre müssen wir immerwährend wach sein, wenn wir glücklich, das heißt gut bleiben wollen.

GOTTFRIED KELLER

20. MÄRZ

Wie es Prinzipien gibt, die für alle gelten, so gibt es auch solche, die nur für den einzelnen als Gesetz angesehen werden können. Jeder von uns muss von sich aus herausfinden, wonach seine Natur verlangt, um dauernd glücklich zu sein. Niemand kann genau die gleichen Gedanken haben wie du, und darum kann auch niemand besser als du selbst beurteilen, was du brauchst, um dein Leben reicher, vollkommener und glücklicher zu machen.

PRENTICE MULFORD

21. MÄRZ

Der Traum enthält etwas,
das besser ist als die Wirklichkeit;
die Wirklichkeit enthält etwas,
das besser ist als der Traum.
Vollkommenes Glück wäre
die Verbindung beider.

LEO N. TOLSTOI

22. MÄRZ

Möglichst viel Glück, sagt man. Aber wie, wenn die höchste Glücksempfindung einen Menschen voraussetzte, der auch Allertiefstes gelitten haben muß? Wenn Glücksgefühl überhaupt erst möglich wäre in einem durch Lust und Unlust gereiften Herzen? Wer möglichst viele Glücksmöglichkeiten fordert, muß auch möglichst viel Unglück fordern, oder er negiert ihre Grundbedingungen.

CHRISTIAN MORGENSTERN

23. MÄRZ

Du kennst meinen Lieblingssatz: „Ich habe das Klügste scheitern und das Dümmste gelingen sehen." Nichts ist vorher zu berechnen, alles ist Glück, Bestimmung, oder anständiger ausgedrückt, Gottes Wille. Und dabei gibt es nichts Großes oder Kleines. Es gibt nicht eine Situation, die wir uns aussuchen, oder wenn wir sie uns aussuchen, nach unserem Wunsch und Gefallen gestalten können. Jeder glückliche Augenblick ist eine Gnade und muss zum Dank stimmen.

THEODOR FONTANE

24. MÄRZ

Ich denke, dem Glücklichen schlägt keine Stunde, und er soll die glückliche Stunde nicht abkürzen, auch nicht auf die Gefahr hin, dabei einmal unpünktlich zu sein. Aber wenn er es zu müssen glaubt, gut. Ich habe nichts dagegen. Er wird sich dann aber aus der Schar der Glücklichen wegstehlen, ohne nach der Uhr gesehen zu haben, oder doch nur ganz still, ganz leise, ganz heimlich und diskret.

THEODOR FONTANE

25. MÄRZ

Die Pflicht, unbedingt
wenigstens einen Menschen
in seinem Leben glücklich zu machen,
und zwar praktisch, das heißt:
in Wirklichkeit – dies würde ich
für jeden entwickelten Menschen
einfach zum Gebot erheben.

FJODOR M. DOSTOJEWSKI

26. MÄRZ

Es dreht sich immer um den einen Punkt: Ich soll leben, wie ich nicht leben mag. Dass ich fröhlich bin, die Sachen leicht nehme, rasch lebe, das ist mein Glück; und ich vertausche es nicht gegen die Sicherheit eines Totengewölbes. [...] Leb ich nur, um aufs Leben zu denken? Soll ich den gegenwärtigen Augenblick nicht genießen, damit ich des folgenden gewiss sei? Und diesen wieder mit Sorgen und Grillen verzehre?

JOHANN WOLFGANG VON GOETHE

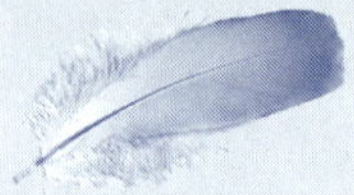

27. MÄRZ

Das Glück, wenn es mir recht ist, liegt in zweierlei: Darin, dass man ganz da steht, wo man hingehört, und zum zweiten und besten in einem behaglichen Abwickeln des ganz Alltäglichen, also darin, dass man ausgeschlafen hat, und dass einen die neuen Stiefel nicht drücken. Wenn einem die 720 Minuten eines zwölfstündigen Tages ohne besonderen Ärger vergehen, so lässt sich von einem glücklichen Tage sprechen.

THEODOR FONTANE

28. MÄRZ

Ist es überhaupt möglich, unglücklich zu sein? Was bedeutet mein Kummer, was hat mein Leid auf sich, wenn ich imstande bin, glücklich zu sein? Wissen Sie, ich verstehe nicht, wie man an einem Baum vorübergehen kann und nicht beglückt sein, dass man ihn sieht? Wie mit einem Menschen sprechen und nicht glücklich sein, dass man ihn liebt! Oh, ich verstehe es nur nicht auszudrücken ... aber wie viele Dinge begegnen einem auf Schritt und Tritt, die so schön sind, dass selbst ein Mensch, der sich schon ganz verloren hat, sie als schön empfindet? Sehen Sie ein Kind an, schauen Sie Gottes Morgenrot, betrachten Sie einen Grashalm, wie er wächst, schauen Sie in die Augen, die Sie ansehen und Sie lieben.

FJODOR M. DOSTOJEWSKI

29. MÄRZ

Ein Geschäftsmann wollte vom Meister wissen, was das Geheimnis eines erfolgreichen Lebens sei.
Sagte der Meister: „Mach jeden Tag einen Menschen glücklich!"
Und er fügte als nachträglichen Gedanken hinzu: „... selbst wenn dieser Mensch du selbst bist."
Nur wenig später sagte er:
„Vor allem wenn dieser Mensch du selbst bist."

ANTHONY DE MELLO

Überleben durch anders leben! Sonniger leben, fröhlicher leben, gesünder leben, glücklicher leben! Reinige deinen Kopf von der Jagd nach immer mehr. Entwirre dein Herz von den tausend Verstrickungen in verrückte Begierden. Löse dich von Dingen, die du nicht brauchst. Mach dich zum Leben auf, lebe!
Freude wird deinen Geist erfüllen, Mut zum Leben. Dein Zuhause strahlt Wärme aus, menschliche Wärme und Geborgenheit. Deine Augen sehen wieder die Blume, die blüht. Deine Ohren hören wieder den Vogel, der pfeift. Du arbeitest mit deinen Händen. Herrlich schmeckt ein Stück Brot, ein Glas frisches Wasser. Wenn die Sonne scheint, fängst du an zu tanzen, und im Regen kannst du pfeifen.
Und du wirst spüren: Wir sind gemacht für die Freude.

PHIL BOSMANS

31. MÄRZ

Es hat einen vollen Monat lang geregnet und ich liege morgens im Bett wie ein Betrunkener oder Kranker und mag nicht aufstehen. Plötzlich höre ich Vogelgezwitscher, das einen hellen Tag anzeigt. Rasch ziehe ich die Vorhänge auf, öffne das Fenster weit und sehe den hellen, glänzenden Sonnenschein, und der Wald sieht aus, als hätte er ein Bad genommen. Ist das vielleicht nicht Glück?

CHIN SHENGT'AN

APRIL

ZEIT FÜR LACHEN UND HUMOR

Du bist zum Genuss geschaffen, und die Welt ist voller Dinge, die du genießen wirst, sofern du nicht zu stolz bist, dich an ihnen zu erfreuen, und zu gierig, dich um etwas zu kümmern, wodurch du nichts anderes als Freude gewinnen kannst. Denke daran, dass die schönsten Dinge in der Welt die nutzlosesten sind; Pfauen und Lilien zum Beispiel.

JOHN RUSKIN

2. APRIL

Lachen ist gesund. Du hast Lachen nötig. Humor ist gesund. Ob du an diese Seite deiner Gesundheit wohl genug denkst? Mit deinen Sorgen machst du dir Falten in dein Herz und schnell hast du dann auch Falten im Gesicht. Lachen befreit. Humor entspannt. Lachen kann dich erlösen vom falschen Ernst. Lachen ist die beste Kosmetik fürs Äußere und die beste Medizin fürs Innere. Regelmäßig die Lachmuskeln betätigen – das ist gut für die Verdauung, der Appetit kommt in Gang, der Blutdruck bleibt stabil.

PHIL BOSMANS

3. APRIL

Ich freue mich des Lebens, weil noch das Lämpchen glüht, suche keine Dornen, hasche die kleinen Freuden; sind die Türen niedrig, so bücke ich mich, kann ich den Stein aus dem Wege tun, so tue ich's, ist er zu schwer, so gehe ich um ihn herum, und so finde ich alle Tage etwas, das mich freut. Und der Schlussstein, der Glaube an Gott, der macht mein Herz froh und mein Angesicht fröhlich.

KATHARINA E. GOETHE

4. APRIL

Kennst du eigentlich die Freuden des Alleinseins, Alleingehens, Allein-in-der-Sonne-Liegens? Damit ist wahrhaftig nichts gegen das Zuzweitsein und nicht viel gegen das Zudrittsein gesagt. Aber was für ein Glück für die Gemarterten, für Herz und Kopf ist das! Kennst du es? Bist du allein schon weit gegangen? Die Fähigkeit dazu setzt viel vergangenen Jammer und auch viel Glück voraus. Ich weiß, als Junge war ich viel allein, aber es war mehr Zwang, selten freies Glück. Jetzt aber laufe ich in das Alleinsein, wie das Wasser ins Meer.

FRANZ KAFKA

5. APRIL

Alles Behagen am Leben ist auf eine regelmäßige Wiederkehr der äußeren Dinge gegründet. Der Wechsel von Tag und Nacht, der Jahreszeiten, der Blüten und Früchte, und was uns sonst von Epoche zu Epoche entgegentritt, damit wir es genießen können und sollen, diese sind die eigentlichen Triebfedern des irdischen Lebens. Je offener wir für diese Genüsse sind, desto glücklicher fühlen wir uns.

JOHANN WOLFGANG VON GOETHE

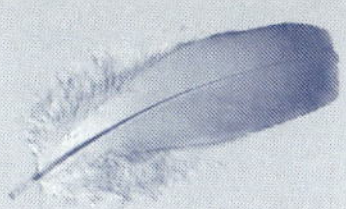

6. APRIL

Als der Stillstand sein Leben eintönig machte, – im Elend nur Mühsal, im Frohsinn nur Freude –, sehnte sich ein Mensch nach einem Zauber. Der sollte ihn glücklich machen, wenn er traurig wäre, und Trauer schaffen, wenn das Glück zu groß sei. Er zog durch die Welt, ohne Rat und Erfüllung zu finden, bis ihm eines Tages ein weiser Alter einen Ring schenkte, der, als er ihn aufgesetzt hatte, seine Sehnsucht stillte, seine Wünsche erfüllte und sein Leben vollendete. Nach dem glücklichen Tod des Mannes zog man den Ring von seinem Finger und entdeckte das Geheimnis, was einen Glücklichen traurig und einen Traurigen glücklich machen konnte. In den Ring war geschrieben: *Auch das wird vorübergehen.*

VERFASSER UNBEKANNT

7. APRIL

Eine Arbeit ist fertig. Man legt sein Werkzeug weg. Man unterschreibt seine Epistel und steckt sie in den Umschlag. Auch langgezogene Arbeiten sind gewöhnlich in kleinere Einheiten gegliedert, von denen man sagen kann: fertig. Von „vollenden“ würde ich da nie sprechen. An was der Mensch letzte Hand legt und was er aus der Hand legt, das hat er recht und schlecht zu Ende gebracht. Er hat getan, was er konnte, und damit Schluss. Er kann aufhören. Damit beginnen die Kleinen Ferien. Oft oder mindestens einmal am Tag hat man die. Diese Art Aufhören ist eine viel luftigere Sache als das, was man gemeinhin unter Urlaub und großen Ferien versteht; sie fächelt mit frischer Brise die hitzigen Arbeitstage, umtänzelt die Beflissenheit des Menschen, dem Arbeit gleich Leben ist. (1)

8. APRIL

Aufhören – so erklärt sich das Wort – besagt: „aufhorchend von etwas ablassen“. Damit kann auch ein Unterbrechen gemeint sein, welches seine eigene Ehre hat. Das „aufhorchende Ablassen“ kann einem Ereignis gelten, das mich plötzlich herausruft. Solchen wichtigen „Gehorsam“ meine ich jetzt nicht, sondern nur dieses Aufhören, das sich von selbst „terminiert“, das sich mir gibt, weil ich eben mit etwas fertig bin. Und die ganz Schlauen wissen ihre Arbeit in besonders viele Rundungen abzuteilen. Dieses luftige Vergnügen kann man haben oder nicht. Man kann es „unterdrücken“, einfach indem man es nicht wahrnimmt. Denn bei diesem Aufhören gibt es nichts zu vernehmen, nichts zu hören, und ein Vergnügen ist es doch. Ein Vergnügen, das einfacher nicht sein könnte, durchaus konkret abhüpfend vom Sprungbrett und doch selber aus nichts gemacht. (2)

9. APRIL

Es fühlt sich an, aber wie? Keiner der fünf Sinne ist zuständig. Wie ein Luftzug sich anfühlt, wie ein Abheben vom Boden. Aber damit habe ich es nicht beschrieben, eher versteckt. Das kommt, weil es immer dazwischen ist. Ich wollte es gerne hervorholen und anpreisen als ein Vergnügen, das sich jeder alle Tage leisten kann, aber es ist verschwindend klein und leicht zwischen den beleibten Dingen.
Immerhin, dieses nichtsnutzige Dazwischen ist gratis zu haben, nicht einmal Zeit fürs Nichtstun kostet es.
Nichtstun kostet die großen Ferien, den Urlaub, und was ist es darin? Eine andere, erfreuliche Beschäftigung, kurzweiliger oder gleichförmiger, ein ausgedehntes Ausruhen? Das Nichtstun, das ich listigerweise tagein tagaus zwischen Arbeitsbergen haben kann, ist nichts als ein vergnüglicher Sprung. (3)

10. APRIL

Ich nehme wahr, dass es keine ununterbrochene Dauer gibt, auch nicht der Arbeit, die angeblich „nicht abreißt“. Sondern dass die Wolkendecke sich immer wieder wolkig lockert, dass immer wieder etwas Bestimmtes rund und fertig wird, und wäre es nur das Tagwerk am Abend. Zwischen diesen „Quanten“ gibt es also die Sprünge. Im Moment eines Aufhörens komme ich los – ein losgelassener, ausgelassener Moment, wo man ausrufen könnte: Fangt mich doch! ... Lebenslust hat sich noch immer gern in Luftsprüngen geäußert.

Auch wenn man das Glück hatte, dass es eine befriedigende, fesselnde Arbeit war, mit der man aufhört, und auch wenn das nächste Stück gar nicht abschreckt, der Moment dazwischen ist unersetzlich. Er verlöre indes seine Sprungfederkraft, wenn er bloß ein Entkommen wäre. Er wäre kein Dazwischen mehr, wenn nachher nicht wieder etwas anfinge. (4)

11. APRIL

Das Ende von etwas, und wäre es von Not und Pein, verschenkt nicht Heiterkeit. Auch das Ende der Nacht macht nicht heiter, sondern der Anfang des Tages macht es. [...]
Das leichtmütige Vergnügen der Kleinen Ferien, das zwischen den Tätigkeiten herumflattert, hält die Dinge auseinander, schiebt sich dazwischen, ein Luftkissen für Gesichter. Wie sehr alle Dinge Luft zwischen sich brauchen, um sich abzuheben und nicht trübe ineinander zu fließen, wird man vor eitel Drinstecken in der Arbeit nicht immer gewahr; manchmal vielleicht doch, wenn die vergessene Luft zum Bruder Wind wird, der einen leicht spöttisch an die Stirn tippt. (5)

MARIA OTTO

12. APRIL

Lieber Mensch, du bist dazu geboren,
um zu lieben, um Geborgenheit zu
genießen und Geborgenheit zu schenken.
Sag nicht, das sei leeres Geschwätz.
Lebensfreude und Geborgenheit
sind kein Zuckerguss, der uns über die
Bitterkeit des Lebens hinwegtäuscht.
Lebensfreude und Geborgenheit fallen
uns nicht von selbst in den Schoß.
Wir finden sie nicht an der Oberfläche
des Lebens.
Wir müssen durch alle Schwierigkeiten
hindurch weitersuchen und weitergehen
bis in die Tiefen unseres eigenen Herzens.

PHIL BOSMANS

13. APRIL

In Zeitnot geraten, wie in ein Netz,
ist der Mensch,
atemlos hetzt er durch sein Leben
und wischt sich den Schweiß.
Ein Fluch des Jahrhunderts ist diese Eile.
Blind bist du,
ganz blind durch den Irrsinn der Eile.
Es wird ganz eilig gezecht
und ganz eilig geliebt,
ganz tief sinkt die Seele dabei –
man martert ganz eilig,
vernichtet ganz eilig,
ganz eilig sind später Reue
und Buße vorbei.

JEWGENI JEWTUSCHENKO

14. APRIL

Meine Augen sind da für das Licht, für das Grün des Frühlings, für das Weiß des Schnees, für das Grau der Wolken und das Blau des Himmels, für die Sterne in der Nacht und für das unglaubliche Wunder, dass es so viel wunderbare Menschen um mich gibt. Mein Mund ist da für ein liebes Wort, auf das ein anderer wartet. Meine Lippen sind da für einen Kuss und meine Hände, um zärtlich und sanft zu sein, um Leidenden zu helfen. Meine Füße sind da, um zum Nächsten zu gehen. Und mein Herz ist da, um Menschen, die in Einsamkeit und Kälte leben, Nähe, Wärme und Liebe zu schenken.

PHIL BOSMANS

15. APRIL

Ich bin so knallvergnügt erwacht
Ich klatsche meine Hüften.
Das Wasser lockt. Die Seife lacht.
Es dürstet mich nach Lüften.

Ein schmuckes Laken macht einen Knicks
Und gratuliert mir zum Baden.
Zwei schwarze Schuhe in blankem Wichs
Betiteln mich „Euer Gnaden“.

Aus meiner tiefsten Seele zieht
Mit Nasenflügelbeben
Ein ungeheurer Appetit
Nach Frühstück und nach Leben.

JOACHIM RINGELNATZ

16. APRIL

Lacht laut und herzlich, worüber ihr wollt, und wenn es das Harmloseste ist; lacht zu zweit, lacht zu dritt, in einem Café, auf einer Gesellschaft oder auf der Straße! Wer euer Lachen mit Auge und Ohr wahrnimmt, wird sich umdrehen und euch respektvoll betrachten. Wer in der Unterhaltung war, wird schweigen und wie beschämt dastehen; und wenn er vorher stolz und herausfordernd um sich geblickt hat, wird er euch gegenüber seinen Stolz und sein herausforderndes Wesen aufgeben. Kurzum, das einfache, herzliche Lachen gibt euch eine unbestrittene Überlegenheit vor allen im Umkreis Versammelten, ohne jede Ausnahme. Groß ist die Macht des Lachens.

GIACOMO LEOPARDI

17. APRIL

Freude ist unsäglich mehr als Glück,
Glück bricht über die Menschen herein,
Glück ist Schicksal …
Freude ist einfach eine gute Jahreszeit
über dem Herzen; Freude ist das Äußerste,
was die Menschen in ihrer Macht haben.

RAINER MARIA RILKE

18. APRIL

Wenn Du ausriefst: „Der Verstand ist nichts, das Gefühl ist alles“, so kann ich dem ebenso wenig absolut beistimmen wie der Umkehrung dieses Satzes. Was hilft Dir alles Gefühl, wenn Dir nicht ein klarer geweckter Verstand weite Ausblicke eröffnet, wenn Du nicht an seiner Hand in Tiefen gelangst, die Dir sonst ewig verschlossen geblieben wären? Nein, Gefühl und Verstand gehören aufs engste zusammen, wie sie auch von denselben Orten ausgehen. Aber das Gefühl ist das größere von ihnen.

CHRISTIAN MORGENSTERN

19. APRIL

Ich definiere den Humor als die Betrachtungsweise des Endlichen vom Standpunkt des Unendlichen aus. Oder: Humor ist das Bewußtwerden des Gegensatzes zwischen Ding an sich und Erscheinung und die hieraus entspringende souveräne Weltbetrachtung, welche die gesamte Erscheinungswelt vom Größten bis zum Kleinsten mit gleichem Mitgefühl umschließt, ohne ihr jedoch einen anderen als relativen Gehalt und Wert zugestehen zu können. Der Humor ist sonach die höchste, aber auch die schwerste aller Weltbetrachtungen; denn er lehrt uns, das tiefste Leid und Elend nur als eine Phase aufzufassen, die, aus dem Zusammenhang des Weltlebens gerissen, für sich allein keine absolute Beurteilung gestattet.

CHRISTIAN MORGENSTERN

20. APRIL

Ich habe nichts so gern wie fröhliche Menschen, und kann ich's selber oft nicht sein, so liegt die Schuld wahrhaftig nicht an meinem guten Willen. Am liebsten schlüge ich den ganzen Tag Rad, spränge über Tisch und Bänke und wälzte mich im grünen Rasen, den lachenden Himmel über mir.

THEODOR FONTANE

21. APRIL

Wir haben immer alles, was wir brauchen, um glücklich zu sein. Aber meistens konzentrieren wir uns auf das, was wir wollen, aber nicht haben können, und das macht uns unglücklich.
Hänge dich an nichts im Leben. Freue dich an allem, während es dir vergönnt ist; aber denke immer daran, dass du es eines Tages zurücklassen musst. Du kannst nichts mitnehmen. Ist es das ganze Elend wert, das wir beim Versuch, es zu behalten, durchmachen?

ANTHONY DE MELLO

22. APRIL

Versöhnung erscheint oft als ein Ding der Unmöglichkeit. Es gehören immer zwei dazu, jede Versöhnung muss von beiden Seiten kommen. Man kann Versöhnung nicht erzwingen. Versöhnung muss man säen, kleine Körnchen der Entspannung und Annäherung, der Kompromissbereitschaft, des guten Willens. Versöhnung muss wachsen und braucht meist viel Zeit und noch mehr Geduld. Es ist nie zu spät, sich zu versöhnen; denn es ist nie zu spät zu lieben und auch nie zu spät, glücklich zu sein.

PHIL BOSMANS

23. APRIL

Als der Meister mit einer Gruppe von Lehrern zusammentraf, unterhielt er sich lange und angeregt mit ihnen, [...] und er erzählte, wie er einmal einen Jungen, der eigentlich in der Schule sein sollte, beim Fischen erwischte. „Hallo, ein schöner Tag zum Fischen!“, sagte er zu dem Jungen. „Ja“, kam es kurz und bündig zurück. Nach einer Weile fragte der Meister: „Warum bist du heute nicht in der Schule?“
„Nun, wie Sie ja eben selbst gesagt haben – es ist ein schöner Tag zum Fischen.“
Dann erzählte der Meister vom Schulzeugnis seiner kleinen Tochter, in dem als Bemerkung stand: „Meena ist eine gute Schülerin. Sie könnte noch bessere Noten erreichen, wenn ihre pure Lebensfreude nicht ihren Lernerfolg behindern würde.“

ANTHONY DE MELLO

24. APRIL

Lachen! Lachen ist gesund.
Lachen befreit. Humor entkrampft.
Die Welt sieht plötzlich anders aus.
Viele Dinge sind wirklich nicht
so entsetzlich wichtig.

Mit Humor können wir
auch über unsere Fehler schmunzeln.
Mit Humor werden wir frei
von übertriebenen Sorgen,
die uns an manchen Tagen
die Luft abschnüren.
Mit Humor wird unser Herz weit,
besonders für die Menschen,
mit denen wir unter einem Dach leben.

PHIL BOSMANS

25. APRIL

Sind nicht die Gefühle, die Halbgefühle, alle die geheimsten und tiefsten Zustände unseres Inneren in der seltsamsten Weise mit einer Landschaft verflochten, mit einer Jahreszeit, mit einer Beschaffenheit der Luft, mit einem Hauch? Eine gewisse Bewegung, mit der du von einem hohen Wagen abspringst; eine schwüle sternlose Sommernacht; der Geruch feuchter Steine in einem Hausflur; das Gefühl eisigen Wassers, das aus einem Laufbrunnen über deine Hände sprüht: An ein paar tausend solcher Erdendinge ist dein ganzer innerer Besitz geknüpft, alle deine Aufschwünge, alle deine Sehnsucht, alle deine Trunkenheiten.

HUGO VON HOFMANNSTHAL

26. APRIL

Und ein Redner sprach: „Rede uns von der Freiheit." Und er antwortete: An den Toren der Stadt und an eurem Herd sah ich euch kniefällig und in Verehrung von eurer Freiheit reden. Gleich Sklaven in Demut vor einem Tyrannen, den sie preisen, obgleich er sie erschlägt. Ja, selbst im Hain des Tempels und im Schatten der Burg sah ich die Freisten unter euch die Freiheit tragen wie ein Joch und eine Handfessel.

Und das Herz in mir blutet; denn ihr könnt nur frei sein, wenn schon allein der Wunsch, nach Freiheit zu suchen, euch zum Harnisch wird, und wenn ihr ablasst, von Freiheit als Ziel und Erfüllung zu reden. (1)

27. APRIL

Frei seid ihr wahrlich nicht, so eure Tage frei sind von Sorge und eure Nächte von Kummer. Vielmehr so diese beiden euer Leben umringen und ihr euch dennoch darüber erhebt, nackt und ungebunden.
Und wie solltet ihr euch über eure Tage und Nächte erheben, so ihr nicht brecht die Ketten, die ihr beim Morgengrauen eurer Vernunft um eure Mittagsstunde befestigt?
Wahrlich, was ihr Freiheit nennt, ist die stärkste dieser Ketten, mögen auch ihre Glieder in der Sonne schillern und eure Augen blenden. Und was anders sind es als Bruchteile eures Ich, die ihr abwerfen möchtet, um zur Freiheit zu gelangen?
Ist es ein ungerechtes Gesetz, das ihr abschaffen möchtet, so habt ihr es euch eigenhändig auf die Stirn geschrieben.
(2)

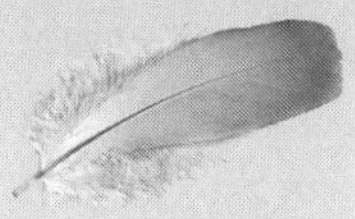

28. APRIL

Ihr könnt ein ungerechtes Gesetz nicht austilgen, indem ihr eure Gesetzbücher verbrennt oder die Stirn eurer Richter abwascht, gösst ihr auch das Meer darauf.
Und ist es ein Tyrann, den ihr entthronen möchtet, so trachtet erst danach, seinen Thron zu zerstören, den ihr ihm in eurer Brust errichtet. Denn wie vermöchte ein Tyrann die Freien und Stolzen zu beherrschen, so nicht Tyrannei in ihrer eignen Freiheit und Schande in ihrem eignen Stolz schlummerten?
Und ist es eine Sorge, die ihr abwerfen möchtet, so ward diese Sorge eher von euch selbst gewählt, als euch auferlegt.
Und ist es eine Angst, die ihr vertreiben möchtet, so liegt der Sitz dieser Angst in eurem Herzen und nicht in der Hand der Gefürchteten. (3)

29. APRIL

Wahrlich, alles webt in eurem Wesen in steter Verkettung, was ihr wünscht und fürchtet, was euch widerstrebt und anzieht, was ihr erstreben und meiden möchtet.
All dies bewegt sich in euch wie Licht und Schatten, paarweise verbunden.
Und verblasst der Schatten und ist nicht mehr, so wird das zaudernde Licht zum Schatten eines anderen Lichtes.
Und so wird eure Freiheit, sobald sie ihre Fesseln sprengt, selber zur Fessel einer größeren Freiheit. (4)

KHALIL GIBRAN

30. APRIL

Humor gibt dir ein Gespür für die Dinge, wie viel Gewicht ihnen zukommt. Lachen und Humor wirken sich nicht nur auf deinen Stoffwechsel aus, sondern auch auf deine Umgebung. Lachen und Humor entlasten. Sie verringern Spannungen und Tränen. Sie befreien vom erdrückenden Ernst der bleiernen Probleme, von der erstickenden Luft des Alltags. Lachen und Humor – das beste Mittel gegen Vergiftung von Geist und Herz. Lachen und Humor machen den Weg frei zu ungeahnter Lebensfreude.

PHIL BOSMANS

MAI

ZEIT FÜR
DIE LIEBE

1. MAI

Leben ist Reichtum. Leben mit all seinen Kräften der Liebe, der Freude und der Bewunderung. Das ist das reichste Land, welches die größte Anzahl edler und glücklicher Menschen ernährt. Das ist der reichste Mann, der, nachdem er die Pflichten seines eigenen Lebens auf das äußerste erfüllt hat, durch seine Person und durch sein Vermögen auf das Leben anderer den weitesten heilsamen Einfluss ausübt.

JOHN RUSKIN

2. MAI

Der Mensch soll dem Menschen etwas Heiliges sein. Dieses All, das du siehst, das die göttliche und menschliche Welt umfasst, bildet eine Einheit: Wir sind Glieder eines großen Körpers. Die Natur hat uns als Verwandte erzeugt, da sie uns aus denselben Stoffen und zu denselben Zwecken gemacht hat. Sie hat alles nach Recht und Billigkeit gestaltet. Nach ihrem Gesetz ist es schlimmer, Schaden anzurichten als zu erleiden. Nach ihrem Befehl sollen unsere Hände hilfsbereit sein. Jenen Vers sollten wir in Herz und Mund haben: „Ich bin ein Mensch; nichts Menschliches ist mir fremd."

JAMES REDFORD

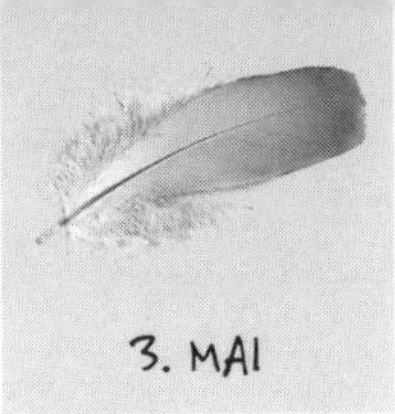

3. MAI

Des Tages erster Gedanke: Das beste Mittel, jeden Tag gut zu beginnen, ist: beim Erwachen daran zu denken, ob man nicht wenigstens einem Menschen an diesem Tag eine Freude machen könne. Wenn dies als ein Ersatz für die religiöse Gewöhnung des Gebetes gelten dürfte, so hätten die Mitmenschen einen Vorteil bei dieser Änderung.

FRIEDRICH NIETZSCHE

4. MAI

Nur Menschen, die einer starken Liebe fähig sind, können auch starken Gram empfinden; aber eben dieses Liebesbedürfnis dient ihnen als Gegengewicht gegen den Gram und heilt ihn so. Infolgedessen ist die geistige Natur des Menschen noch lebenskräftiger als die körperliche. Gram tötet niemals.

LEO N. TOLSTOI

5. MAI

Liebe tut wohl. Man merkt es gleich, wenn sie einem entzogen wird. Wir leben gleichsam in einer allgemeinen Kälte, wir wissen es oft nicht, wer in unserer Nähe uns vor der kalten Luft schützt, bis er sich entfernt und uns ihr aussetzt; aber wie in einem wirklich kalten Zimmer, wenn einer, der neben uns saß, den Platz verlässt.

RAHEL VARNHAGEN

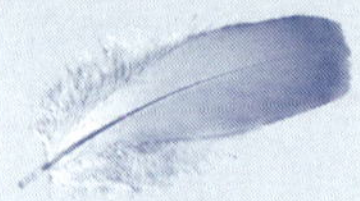

6. MAI

Aller Schmerz der Liebe wird aufgewogen durch das Glück zu lieben. Es ist eines der größten und ergreifendsten Wunder Gottes, dass wir die Liebesfähigkeit besitzen, die unser Dasein erweitert, unbeschränkt durch Zeit und Raum, und die darin einzig ist, dass sie ihren Lohn in sich selbst trägt.

ALEXANDER VINET

7. MAI

Ich habe nie begriffen, wie eine wirkliche, elementare, durch und durch wahre Liebe unerwidert sein kann; da sie doch nichts anderes ist als der dringende selige Anspruch an einen andern, schön, reich, groß, innig, unvergesslich zu sein; die an ihn heranflutende Verpflichtung, etwas zu werden. Und sagen Sie, wer dürfte das abweisen, wenn es auf ihn sich richtet, ihn erwählt aus den Millionen, ihn findet, der vielleicht in einem Schicksal verborgen oder mitten im Ruhm unnahbar war?

RAINER MARIA RILKE

8. MAI

Um das Tal der Liebe betreten zu können, muss ein Mensch wie das Feuer selbst sein. Das Gesicht des Liebenden muss entflammt sein, und das geschieht dadurch, dass mit der Liebe Gut und Böse aufhören zu existieren. Wenn die Liebe das Feuer ist, so ist der Rauch die Vernunft. Wenn die Liebe kommt, verschwindet die Vernunft. Der Verstand kann mit der Torheit der Liebe nicht leben; Liebe hat nichts mit dem menschlichen Verstand zu tun. Nur ein Mensch, der geprüft worden ist und frei ist, kann das empfinden. Wer sich auf diese Reise begibt, der sollte tausend Herzen haben, damit er jeden Augenblick eines opfern kann.

ATTAR

9. MAI

Welche Bücher werden von den Leihbibliotheken am meisten verliehen? Mit welcher glühenden Teilnahme lesen wir diese Liebesromane, wenn die Geschichte nur mit einem Funken von Wahrheit und Natürlichkeit erzählt ist! Und was fesselt im Getriebe des Lebens die Aufmerksamkeit wie irgendein Vorgang, woraus die Liebe zweier Menschen spricht? Vielleicht sahen wir sie nie vorher und werden ihnen niemals wieder begegnen. Aber wir sehen sie einen schnellen Blick austauschen oder eine tiefe Bewegung verraten, und wir sind uns nicht länger fremd. Wir verstehen sie und nehmen das wärmste Interesse an der Entwicklung des Romans. Die ganze Menschheit liebt einen Liebenden.

RALPH WALDO EMERSON

10. MAI

Sag, wie wär' es, alter Schragen,
wenn du mal die Brille putztest,
um ein wenig nachzuschlagen,
wie du deine Zeit benutztest.
Oft wohl hätten dich so gerne
weiche Arme warm gebettet;
doch du standest kühl von ferne,
unbewegt, wie angekettet.
Oft wohl kam's, dass du die schöne
Zeit vergrimmtest und vergrolltest,
nur weil diese oder jene
nicht gewollt, so wie du wolltest.
Demnach hast du dich vergebens
meistenteils herumgetrieben;
denn die Summe unseres Lebens
sind die Stunden, wo wir lieben.

WILHELM BUSCH

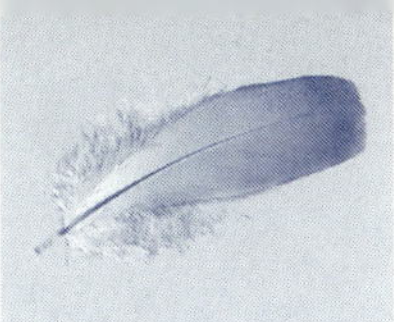

11. MAI

Von einem weisen Heiler wird folgende Geschichte erzählt. Eine Frau kam zu ihm und fragte: „Können Sie mir sagen, was ich tun soll? Ich habe Schwierigkeiten mit meinem Mann. Jeden Tag gibt es zu Hause Streit." Er erwiderte: „Das ist einfach." – „Ich wäre Ihnen so dankbar", sagte sie. – „Ich gebe Ihnen diese Süßigkeiten. Behalten Sie sie im Mund, wenn Ihr Mann heimkommt, und alles wird wieder gut werden. Es sind magnetisierte Süßigkeiten." Sie nahm sie und stellte fest, dass es keinen Streit mehr gab. Nach zehn Tagen waren die Süßigkeiten aufgebraucht. Da ging sie wieder zum Heiler und sagte: „Ich gebe Ihnen, was Sie wollen, wenn Sie mir nur noch mehr von jenen Süßigkeiten geben. Sie sind wunderbar." (1)

12. MAI

Da antwortete der Lehrer: „Nachdem Sie zehn Tage von diesen Süßigkeiten gegessen haben, sollten Sie verstehen, dass Ihr Mann, nachdem er sich den ganzen Tag abgemüht hat, nervös und müde ist, wenn er heimkommt. Natürlich ist er nicht ‚in Stimmung', und dies haben Sie durch Ihr Reden verschlimmert. Als Sie still waren, gab es nichts, um darüber zu streiten, und Ihr Heim wurde harmonischer. Dies sollte Sie lehren, dass Schweigen ein Schlüssel zur Harmonie ist." (2)

HAZRAT INAYAT KHAN

13. MAI

So viele Jahre lieben wir uns
Und sind doch immer noch zwei! ...
Wir arbeiten, essen, schlafen wie ein gutes Ehepaar, einer mit dem anderen. Jedoch ein Unbehagen wächst in uns, zwischen uns. Etwas ist da, das uns trennt. Was? Ich weiß es nicht. Vielleicht nur ein Nichts ... Haben wir uns wirklich gefunden? Du bleibst für mich ein anderer, sehr nahe – und zugleich sehr ferne, genauso wie ich für dich bin, geheimnisvoll, undurchschaubar, fast fremd ...
Sollte die Liebe nur Versprechungen bieten? Und uns leer lassen, wenn das große Feuer erloschen ist, das unsere Leiber erbeben lässt?
Oder bleiben uns hinter dem Versprechen noch neue Räume zu entdecken?

ANCELLE

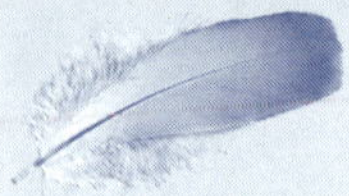

14. MAI

Wir kommen aus dem Herzen
der Mutter
Der gütigen Mutter allen Lebens
Und wenn du denkst, sie sei stumm
Sollst du wissen: die Blumen sind
ihre Lieder.
Alle, die leben, sind ihre Lieder
Alle, die sterben, sind ihre Lieder
Und die Winde, die wehen, sind
ihre Lieder
Ihr auf Erden sollt alle ihre Lieder singen.

DAKOTA, INDIANER

Liebe heißt, Wärme auszustrahlen,
ohne einander zu ersticken.
Liebe heißt, Feuer zu sein,
ohne einander zu verbrennen.
Liebe heißt, einander nahe zu sein,
ohne einander zu besitzen.
Liebe heißt, viel voneinander zu halten,
ohne einander festzuhalten.
Liebe ist das große Abenteuer
des menschlichen Herzens.
Spüren Menschen das
Herz eines Menschen,
dann kommen sie zum Leben.
Liebe ist der einzige Weg,
auf dem Menschen menschlicher werden.
Allein die Liebe ist das Haus,
in dem wir wohnen können.

PHIL BOSMANS

16. MAI

Die Leute haben, wie so vieles andere, auch die Stellung der Liebe im Leben missverstanden, sie haben sie zu Spiel und Vergnügungen gemacht, weil sie meinten, dass Spiel und Vergnügen seliger denn Arbeit sei; es gibt aber nichts Glücklicheres als die Arbeit, und Liebe, gerade weil sie das äußerste Glück ist, kann nichts anderes als Arbeit sein. – Wer also liebt, der muss versuchen, sich zu benehmen, als ob er eine große Arbeit hätte: Er muss viel allein sein und in sich gehen und sich zusammenfassen und sich festhalten; er muss arbeiten; er muss etwas werden!

RAINER MARIA RILKE

17. MAI

Ein für alle Mal schreibt dir darum
ein kurzes Gebot folgendes vor:
Liebe und tu, was du willst!
Wenn du schweigst, schweige aus Liebe;
sprichst du, so sprich aus Liebe;
wenn du tadelst, tadle aus Liebe;
wenn du verzeihst, verzeih aus Liebe.
Die Wurzel der Liebe soll das Innerste
deines Herzens sein:
Aus dieser Wurzel kann nichts
als Gutes hervorkommen.

AUGUSTINUS VON HIPPO

18. MAI

Mit Sachen kann man ohne Liebe umgehen: Man kann ohne Liebe Bäume fällen, Ziegel brennen, Eisen schmieden. Mit den Menschen kann man nicht ohne Liebe umgehen, wie man mit den Bienen nicht ohne Vorsicht umgehen kann … So ist es einmal die Eigentümlichkeit der Bienen; geht man mit ihnen ohne Vorsicht um, so schadet man ihnen und sich selbst. Ebenso ist es mit den Menschen. Und das kann nicht anders sein, denn die gegenseitige Liebe zwischen den Menschen ist ein Grundgesetz des menschlichen Lebens. Es ist wahr, dass der Mensch sich nicht zur Liebe zwingen kann, wie er sich zur Arbeit zwingen kann; daraus folgt aber noch nicht, dass man mit den Menschen ohne Liebe umgehen darf, besonders wenn man von ihnen irgend etwas verlangt. (1)

19. MAI

Wenn Du zu den Menschen keine Liebe hast, so sitze still. Beschäftige Dich mit Dir selbst, mit den Sachen, womit Du willst, aber nur nicht mit den Menschen. Wie man ohne Schaden und mit Nutzen nur dann essen kann, wenn man hungrig ist, so kann man mit den Menschen auch nur dann ohne Schaden und mit Nutzen umgehen, wenn man sie liebt. (2)

LEO N. TOLSTOI

20. MAI

Sie glauben, ich sei Altruist. Nun, schenken wir uns alle solche Termini; ich habe nie etwas damit anzufangen gewusst. Aber gut; ja, ich liebe auch das sogenannte andere, von dem ich übrigens gar nicht weiß, wo es eigentlich anfängt. […]
Also, ich liebe nicht nur mein Ich, sondern auch mein Du als Kunstwerk, ewig unvollendetes und darum ewiger Steigerung fähiges Kunstwerk. Für mich sind Person, Familie, Freundeskreis, Gemeinde, Volk solche Kunstwerke, an denen mit der ganzen Leidenschaft des Bildners mitzuarbeiten mich unablässig lockt.

CHRISTIAN MORGENSTERN

21. MAI

Ich hatte Radieschen gesät, winzig kleine Samenkörnchen. Ich konnte sie kaum zwischen meinen Fingern halten. Ich ging schlafen, ich stand auf.
Es regnete, die Sonne schien. Ich machte meine Arbeit und vergaß die Radieschen.
Aber drei Wochen lang hat sich einer mit ihnen abgegeben. Er hat die Radieschen im Schoß der Erde mit Liebe empfangen und genährt. Nun waren sie dick, an die fünfhundert Mal so dick wie die Samenkörnchen, die ich in die Erde gelegt hatte. Wochenlang konnten wir herrlich frische Radieschen genießen. Wunderbar!

PHIL BOSMANS

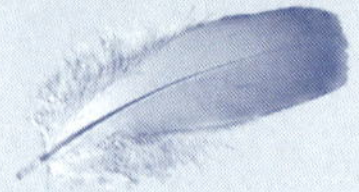

22. MAI

Ich habe drei Schätze;
bewahre und hüte sie:
Der erste ist die Liebe.
Der zweite heißt: nie zu viel.
Der dritte ist: nie der Erste sein.
Durch Liebe hat man keine Angst,
durch nie zu viel tun
hat man Weite (der Kraftreserven),
durch das sich nicht unterfangen,
der Erste zu sein, kann man
seine Anlagen entwickeln
und reifen lassen.

LAOTSE

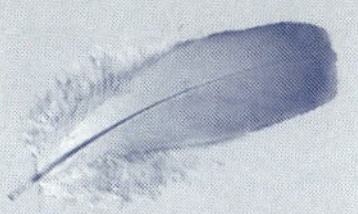

23. MAI

Die Liebe ist eine große Lehrerin, aber man muss es von sich aus verstehen, um sie zu ringen. Das aber ist schwer und mühsam, denn sie ist nur teuer zu erkaufen, mit vielen Mühen und erst nach langer Zeit. Denn es geht ja nicht um die Liebe eines flüchtigen Augenblicks, sondern um die unentwegte Liebe für die ganze Spanne deines Lebens.
Zufällig und vorübergehend kann ja jeder lieben, selbst ein Bösewicht.

FJODOR M. DOSTOJEWSKI

24. MAI

Alle Wüsten der Menschen können wieder fruchtbar werden. Durch Liebe! Liebe ist wie lebendiges Wasser, eine kosmische Kraft, eine unerschöpfliche Urenergie.
Wir brauchen nicht zu verzweifeln.
Die Krise kann uns neue Wege zeigen, um als Menschen zu überleben.
Die Krise wird uns von der Kruste befreien, die uns erstickt und alle Poren verklebt. Wenn unsere Haut frei ist, werden wir wieder atmen können.
Es muss ein neues Bewusstsein wachsen für die verkümmerten Lebenswerte.
Lebendige Menschen müssen Leben bringen. Alles hängt an einer neuen Lebensweise, an einem neuen Herzen.

PHIL BOSMANS

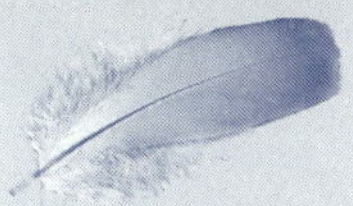

25. MAI

Liebe ist zu einem alltäglichen Wort geworden, das aber nichts mehr bedeutet. Wer aber weiß, was Liebe bedeutet, für den ist Liebe Geduld, Ausdauer, Toleranz, Opferwilligkeit, Dienen. Sanftmut, Demut, Bescheidenheit, Güte, Freundlichkeit sind nichts als verschiedene Offenbarungen der Liebe. Man kann sagen: „Gott ist alles, und alles ist Gott" oder auch: „Liebe ist alles, und alles ist Liebe." Man muss Liebe finden, fühlen und ihre Wärme spüren. Wer in dieser Welt das Licht der Liebe zu erblicken vermag, wer seine Glut nicht verlöschen lässt, wer die Flamme der Liebe als heilige Fackel hochhält und sich auf seinem Lebensweg von ihr leiten lässt, dem erfüllt sich der Zweck des Lebens.

HAZRAT INAYAT KHAN

26. MAI

Die Umstände hindern die Menschen oft, etwas zu tun, sie sind Gefangene in ich weiß nicht was für einem schrecklichen, schrecklichen, sehr schrecklichen Käfig. Es gibt auch – ich weiß – die Freilassung, die späte Freilassung. Ein zu Recht oder zu Unrecht ruinierter Ruf, Armut, unvermeidliche Umstände, Widrigkeiten – das ist es, was Menschen zu Gefangenen macht. Weißt du, was einen aus dieser Gefangenschaft befreit? Das ist jede tiefe, ernste Zuneigung. Freund sein, Bruder sein, lieben, das öffnet das Gefängnis durch eine höhere Macht, durch eine magische Kraft. Ohne diese bleibt man im Gefängnis. Wo Sympathie erneuert wird, wird das Leben neu.

VINCENT VAN GOGH

27. MAI

Ein Guru fragte seine Schüler, wie sie das Ende der Nacht vom Beginn des Tages unterscheiden könnten.
Einer sagte: „Wenn man in der Entfernung ein Tier sieht und erkennt, ob es eine Kuh oder ein Pferd ist."
„Nein", sagte der Guru.
„Wenn man in der Entfernung einen Baum sieht und erkennt, ob es ein Paternosterbaum oder ein Mango ist."
„Wieder falsch", sagte der Guru.
„Also, wie denn?", fragten die Schüler.
„Wenn man in das Gesicht eines Mannes blickt und darin seinen Bruder erkennt; wenn man in das Gesicht einer Frau blickt und in ihr seine Schwester erkennt. Wer dazu nicht fähig ist, für den ist – wo immer die Sonne auch stehen mag – Nacht."

ANTHONY DE MELLO

28. MAI

Erstes Gesetz sei: Lass dich nicht aus der Ruhe bringen! Es geht doch alles nach dem Willen der Allnatur, und in kurzer Zeit wird keine Spur mehr von dir da sein. Das zweite: Wende deiner Aufgabe die ganze Aufmerksamkeit zu, fass sie scharf ins Auge und denk daran, was die natürliche Bestimmung des Menschen von dir fordert und dass es deine Pflicht ist, ein guter Mensch zu sein; handle danach, ohne dich umzusehen, und sprich, wie es deiner Meinung nach allein richtig ist, aber immer in einer freundlichen, rücksichtsvollen und klaren Weise!

JAMES REDFORD

29. MAI

Ein einfacher guter Vater ist ein Mann, der zusammen mit seiner Frau aus den vier Wänden einer Wohnung ein Zuhause macht, wo man leben kann, wo man lacht und weint, wo man sich streitet und wieder versöhnt und wo sich alle wohl fühlen.
Ein einfacher guter Vater ist ein Mann, der die Chance auf Beförderung fahren lässt, um mehr zu Hause zu sein. Ein Mann, der das Baby in den Schlaf wiegt, der mit den Kindern spielt, der kochen und abwaschen kann und in Ruhe gelassen werden will, wenn er einen schlechten Tag hat.
Ein einfacher guter Vater gibt mehr Geborgenheit im Haus als alle Gebäudeversicherungen der Welt. Er ist unbezahlbar. Mit ihm lösen sich viele Probleme von selbst, mit denen sonst die Psychiater zu tun haben.

PHIL BOSMANS

30. MAI

Darf ich dir etwas sagen? Wenn du dir selbst erlaubst, dich gut zu fühlen, sobald man dir sagt, dass du okay bist, schaffst du die Voraussetzung dafür, dich schlecht zu fühlen, sobald man dir sagt, dass du nicht okay bist. Solange du dafür lebst, die Erwartungen anderer zu erfüllen, achtest du darauf, was du anziehst, wie du dich frisierst, ob deine Schuhe geputzt sind. Nennst du das menschlich? [...] Der springende Punkt ist, dass du weder okay noch nicht okay bist. Du kannst höchstens der momentanen Stimmung, dem Trend oder der Mode entsprechen. Heißt das nun, dass du okay geworden bist? Hängt dein Okay-Sein davon ab? Hängt es davon ab, wie man über dich denkt? Du bist nicht „okay“, und du bist nicht „nicht okay“. Du bist du selbst!

ANTHONY DE MELLO

Etwas festhalten wollen und dabei es
überfüllen:
Das lohnt der Mühe nicht.
Etwas handhaben wollen, dabei immer
scharf halten:
Das lässt sich nicht lange bewahren.
Mit Gold und Edelsteinen gefüllten Saal
kann niemand beschützen.
Reich und vornehm und dazu
hochmütig sein:
Das zieht von selbst das Unglück
herbei.
Ist das Werk vollbracht, dann sich
zurückziehen:
Das ist des Himmels Sinn.

LAOTSE

JUNI

ZEIT, INTENSIV UND FREI ZU LEBEN

1. JUNI

Ich bin der Ansicht, mein körperliches und geistiges Wohlbefinden allein deshalb zu erhalten, weil ich jeden Tag wenigstens vier, üblicherweise aber sogar mehr Stunden damit zubringe, in völliger Freiheit von jedweden Anforderungen der Welt durch den Wald sowie über Hügel und Felder zu streifen. Sicher wird man mich nun fragen, woran ich hierbei denke. Manchmal denke ich daran, dass die Handwerker und Krämer sich nicht allein des Vormittags, sondern auch während der Nachmittage in ihren Werkstätten und Läden befinden, davon viele zudem noch mit übereinandergeschlagenen Beinen – gerade so, als wären Beine nicht zum Stehen und Laufen, sondern zum Sitzen erschaffen –, und dann denke ich, man müsse diesen Leuten eine Anerkennung zubilligen, weil sie ihrem Leben nicht schon vor langer Zeit ein Ende gesetzt haben.

HENRY DAVID THOREAU

2. JUNI

Wir suchen alle mehr, als wir für unsre Bedürfnisse notwendig brauchen, und wünschen gern alle Bedürfnisse und alles, was zur Befriedigung aller dieser Bedürfnisse gehört, in uns zu sammeln. Wir sehen dann oft den Wald vor lauter Bäumen nicht oder streben nach etwas, das wir nicht anschaulich, sondern nur begriffsweise begehren, und verfehlen dadurch des leisen Winks, den uns die Natur gab.

NOVALIS

3. JUNI

Wie wir uns auch nennen mögen, was für Gewänder wir auch anlegen mögen, und womit und bei welchen Priestern wir uns salben mögen, so viel Millionen wir auch haben mögen, wie viel Schutzwachen auf unserem Weg stehen mögen, wie viel Polizeimänner unsere Reichtümer bewachen mögen, wie viel sogenannte Verbrecher, Revolutionäre, Anarchisten wir hinrichten mögen, welche Taten wir selbst vollbringen mögen, welche Staaten wir gründen, welche Festungen und Türme vom babylonischen bis zum Eiffelturm wir errichten mögen – vor uns stehen stets zwei unabwendbare Bedingungen unseres Lebens, die seinen ganzen Inhalt vernichten: 1. der Tod, der jeden Augenblick jeden von uns treffen kann, 2. die Vergänglichkeit aller von uns vollbrachten Dinge, die gar schnell spurlos zunichte werden. (1)

4. JUNI

Was wir auch tun mögen, ob wir Reiche gründen, Paläste und Denkmäler errichten, Gedichte und Lieder schaffen – alles das ist von kurzer Dauer, alles geht vorüber, ohne eine Spur zurückzulassen. Und so sehr wir uns dies auch verbergen mögen, wir können doch nicht blind sein dagegen, dass der Inhalt unseres Lebens nicht in unserem persönlichen Dasein, das unabwendbarem Leiden und dem vermeintlichen Tod unterworfen ist, noch in irgendeiner weltlichen Einrichtung oder Ordnung bestehen kann. (2)

LEO N. TOLSTOI

5. JUNI

Das Wort „Reise“ kann mit dem Leben in Verbindung gebracht werden. Denn wir können „Leben“ von zwei Aspekten her betrachten und es darum entweder Reise oder Ziel nennen.
Warum sollten wir das Leben als eine Reise betrachten? – Weil es den Wandel in der Natur und den Wandel in den Erfahrungen gibt. Wir gehen von einer Erfahrung zur anderen; dies ist auch die Bedeutung des Wortes Reise: von einem Ort zu einem anderen gehen, von einer Erfahrung zur anderen.
Das ganze äußere Leben ist nichts anderes als eine Folge von Erfahrungen, eine nach der andern, Tag und Nacht. Darum können wir es als Reise bezeichnen. (1)

6. JUNI

Es gibt noch einen anderen Aspekt
des Lebens, aus dem dieses Leben
des Wandels hervorgegangen ist.
Jenes Leben ist unveränderlich,
ist ewig. Es ist das Leben, zu dem alles
zurückkehrt. Jenes Leben ist das Ziel.
Das Ziel ist der beständige Teil des
Lebens, der Ursprung des Lebens;
das offenbare Leben, Schöpfung
genannt, ist die Reise. (2)

HAZRAT INAYAT KHAN

7. JUNI

Ein Mensch, der achtsam ist, kann Dinge in der Mandarine sehen, die andere nicht erkennen können. Ein bewusster Mensch kann den Mandarinenbaum sehen, die Mandarinenblüte im Frühling, das Sonnenlicht und den Regen, die beide die Mandarine nährten. [...] Unser tägliches Leben kann man gut mit einer Mandarine vergleichen. So wie eine Mandarine aus einzelnen Stücken besteht, so besteht ein Tag aus vierundzwanzig Stunden. Eine Stunde ist wie ein Stück der Mandarine, und die vierundzwanzig Stunden eines Tages zu leben ist wie das Essen aller Mandarinenstücke. Der Pfad, den ich gefunden habe, ist der Pfad, jede Stunde des Tages in Bewusstheit zu leben, mit Geist und Körper im gegenwärtigen Moment zu leben.

THICH NHAT HANH

8. JUNI

Ich halte den Gang für das Ehrenvollste und Selbständigste im Mann und bin der Meinung, dass alles besser gehen würde, wenn man mehr ginge. Man kann fast überall bloß deswegen nicht recht auf die Beine kommen und auf den Beinen bleiben, weil man zu viel fährt. Wer zuviel im Wagen sitzt, mit dem kann es nicht ordentlich gehen. Das Gefühl dieser Wahrheit scheint untilgbar zu sein. Wenn die Maschine stecken bleibt, sagt man doch noch immer, als ob man recht sehr tätig dabei wäre: Es will nicht gehen. [...] Wo alles zu viel fährt, geht alles sehr schlecht: Man sehe sich nur um! So wie man im Wagen sitzt, hat man sich sogleich einige Grade von der ursprünglichen Humanität entfernt. Man kann niemand mehr fest und rein ins Angesicht sehen, wie man soll: Man tut notwendig zu viel oder zu wenig. Fahren zeigt Ohnmacht, Gehen Kraft.

JOHANN GOTTLIEB SEUME

9. JUNI

Ein Holzschnitzer namens Ching hatte gerade die Arbeit an einem Glockenstuhl beendet. Alle, die ihn sahen, staunten, denn es war ein begnadetes Werk. Als der Herzog von Lu es erblickte, sagte er: „Was ist das für eine Begabung, die Euch ein solches Meisterwerk vollbringen lässt?“
Der Holzschnitzer erwiderte: „Sir, ich bin nur ein einfacher Handwerker, ich bin kein Genie. Wenn ich einen Glockenstuhl machen will, meditiere ich drei Tage, um meine Gedanken zu beruhigen. Wenn ich drei Tage meditiert habe, denke ich nicht mehr an Belohnung oder Vergütung. Wenn ich fünf Tage meditiert habe, denke ich nicht mehr an Lob oder Tadel, an Geschicklichkeit oder Unbeholfenheit.“
(1)

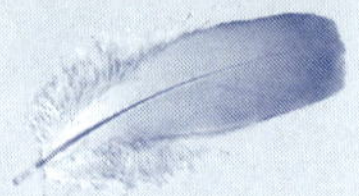

10. JUNI

„Wenn ich sieben Tage meditiert habe, vergesse ich plötzlich meine Glieder, meinen Körper, ja mein ganzes Selbst. Ich weiß nichts mehr von meinem Arbeitsplatz und meiner Umgebung. Nur mein Können bleibt. In diesem Zustand gehe ich in den Wald und prüfe jeden Baum, bis ich einen finde, in dem ich den Glockenstuhl in seiner ganzen Vollkommenheit sehe. Dann machen sich meine Hände an die Arbeit. Da ich mein Selbst beiseite geschoben habe, trifft Natur auf Natur in der Arbeit, die durch mich getan wird. Das ist zweifellos der Grund, warum jeder sagt, das fertige Produkt sei ein begnadetes Werk." (2)

ANTHONY DE MELLO

Die Rosen vor meinem Fenster
gemahnen nicht an vormalige
oder schönere Rosen.
Sie sind das, was sie sind,
um ihrer selbst willen.
Ihr Dasein ist heute.
Zeit existiert nicht für sie.
Die Rose ist einfach da,
in jedem einzelnen Moment ihres Daseins
ist sie voller Vollkommenheit.

RALPH WALDO EMERSON

12. JUNI

Bei der ungeheuren
Beschleunigung des Lebens
wird Geist und Auge
an ein falsches Sehen
und Urteilen gewöhnt,
und jedermann gleicht
den Reisenden,
welche Land und Volk
von der Eisenbahn aus
kennen lernen.

FRIEDRICH NIETZSCHE

13. JUNI

Ein junger Manager rief eines Tages seinen Auslandsvertreter an und sagte kurz angebunden: „Ich rufe an, weil ich Anweisungen geben will. Der Anruf wird nur drei Minuten dauern.
Ich werde sprechen und bitte Sie, nicht zu unterbrechen. Irgendwelche Anmerkungen dazu oder Fragen kabeln Sie bitte später."
Dann begann er, seine Anweisungen durchzugeben. Er tat das so schnell, dass er schon vor der Zeit fertig war.
„Wir haben noch zwanzig Sekunden übrig", sagte er dem Mann am anderen Ende der Leitung. „Haben Sie etwas dazu zu sagen?"
„Ja", kam die Antwort, „Sie haben so schnell gesprochen, dass ich nicht ein Wort verstehen konnte."

ANTHONY DE MELLO

14. JUNI

Meister Dsong sprach:
„Begabt sein und doch noch
von Unbegabten lernen;
viel haben und doch noch
von solchen lernen,
die wenig haben; haben,
als hätte man nicht,
voll sein, als wäre man leer;
beleidigt werden und nicht streiten:
Einst hatte ich einen Freund,
der in allen Dingen so handelte."

KUNGFUTSE

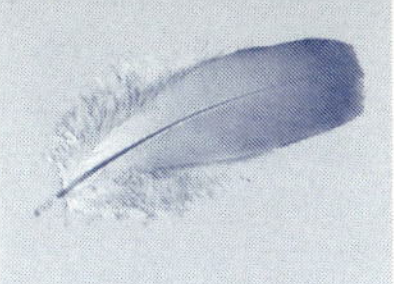

15. JUNI

Alles auf Erden lebt entsprechend den Gesetzen der Natur, aus denen die glanzvolle Freude der Freiheit entspringt. Der Mensch aber ist dieses Glückes beraubt; denn er selbst schuf für die Seele, die von Gott kommt, ein einengendes irdisches Gesetz. Das strenge Gesetz, nach dem er lebt, gab er sich selbst. Von seiner Hand stammt das enge, gramerfüllte Gefängnis, in dem er seine Zuneigungen und Wünsche verschließt. Er schaufelte ein tiefes Grab und begrub darin sein Herz und dessen Absichten. (1)

16. JUNI

Wenn ein einzelner Mensch, dem Befehl seiner Seele folgend, erklärt, dass er sich aus der Gesellschaft zurückzieht und er dadurch das Gesetz verletzt, so werden seine Mitmenschen sagen: Er ist ein Rebell und verdient das Exil. Oder aber sie werden ihn einen niederträchtigen Menschen nennen, den man richten sollte. Wird der Mensch wirklich ein Sklave seiner eigenen Beschränkung bleiben bis ans Ende der Welt? Oder wird er durch die Zeitläufe befreit werden und lernen, im Geist für den Geist zu leben? Wird der Mensch wirklich darauf bestehen, nach unten zu sehen und immer wieder auf den Boden zu starren? Oder wird er endlich seinen Blick der Sonne zuwenden? (2)

KHALIL GIBRAN

17. JUNI

Das ist die Freiheit, dachte ich. Eine Leidenschaft haben, Geldstücke sammeln und dann auf einmal die Leidenschaft überwinden und den Schatz in alle vier Winde verstreuen! Sich von einer Leidenschaft befreien, indem man einer anderen höheren gehorcht. Aber ist das nicht ebenfalls eine Sklaverei? Oder wird nicht, je höher der Herr steht, der Strick unserer Knechtschaft desto länger? Und dann tummeln wir uns, spielen und springen auf einer geräumigen Tenne und sterben, ohne jemals das Ende des Strickes zu finden. – Und das nennen wir Freiheit?

NIKOS KAZANTZAKIS

18. JUNI

Ich sehne mich nach einfachen Formen,
nach einer stillen,
natürlichen Lebensweise,
wo Herz zum Herzen spricht und
wo man das Beste hat,
was man haben kann,
Ehrlichkeit, Liebe, Freiheit.

THEODOR FONTANE

19. JUNI

Der Buddha sprach: „Richtet euch nicht nach dem, was ihr nur vom Hörensagen kennt, nach dem, was ein anderer euch gesagt hat, nach heiligen Schriften, nach Meinungen und spitzfindigen Schlussfolgerungen, nicht nach äußeren Erwägungen und nicht nach eingewurzelten Anschauungen, nicht nach dem, was so aussieht, als sei es richtig, und nicht nach dem Wort eines verehrten Meisters.
Richtet euch nach dem, was ihr selbst als gut erkannt habt, und lasst von dem, was ihr als schlecht erkannt habt."

GAUTAMA BUDDHA

20. JUNI

Menschen können erstaunlich sein.
Mit Begeisterung fangen sie an, den Weg zu einem großen Ziel. Voller Hoffnung gehen sie an eine Lebensaufgabe. Sie fühlen sich stark, bis die Schwierigkeiten kommen, die Enttäuschungen, die Rückschläge.
Wenn es finster und schwarz aussieht, bekommen viele Angst und geben auf.
„Ich kann nicht mehr." – „Ich bin es leid." – „Warum ich und nicht die anderen?" – „Ich kann nichts dafür, die anderen sind schuld, die Eltern, die Gesellschaft, die Verhältnisse."
Diesen Menschen fehlt etwas: Rückgrat!
Rückgrat ist Standfestigkeit, Selbstbewusstsein, Vertrauen zu sich selbst, Vertrauen zur eigenen Leistung, zum eigenen Wert, zu den Mitmenschen.

PHIL BOSMANS

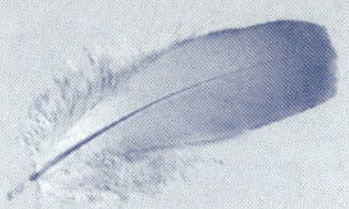

21. JUNI

Nicht hastig leben. Die Sachen zu verteilen wissen heißt, sie zu genießen verstehen. Viele sind mit ihrem Glück früher als mit ihrem Leben zu Ende: Sie verderben sich die Genüsse, ohne ihrer froh zu werden, und nachher möchten sie umkehren, wenn sie ihres weiten Vorsprungs innewerden. Sie sind Postillione des Lebens, die zu dem allgemeinen raschen Lauf der Zeit noch das ihnen eigene Stürzen hinzufügen. Sie möchten in einem Tag verschlingen, was sie kaum im ganzen Leben verdauen könnten. Den Freuden des Lebens sind sie immer voraus, verzehren schon die kommenden Jahre, und da sie so eilig sind, werden sie schnell mit allem fertig.

BALTASAR GRACIÁN

22. JUNI

Geben wir ein alltägliches Beispiel: Wenn wir etwa, in Wut gebracht, etwas zerreißen oder wegen irgendeiner uns wider den Strich gegangenen Kleinigkeit wie verrückt durch das Zimmer rasen, so verbrauchen wir eine unnötige Kraft. Und wenn wir dazu die vielen Nichtigkeiten bedenken, die wir unnötigerweise tun: Dann ist das eine ständige Kraftabgabe, der keine Krafteinnahme gegenübersteht. Diese stete Kraftabgabe wirkt sich auf die Dauer ungünstig aus.

PRENTICE MULFORD

23. JUNI

Du willst intensiv leben? Intensives Leben ist kein gejagtes Leben, tagein, tagaus gehetzt, ständig unter Druck, immer hundert drängende Sachen. Du willst alles wissen, alles mitnehmen, alles mitmachen – um Magengeschwüre oder einen Herzinfarkt zu bekommen? Geh in den Wald! Leg dich unter einen Baum, steck einen Grashalm in den Mund und genieße seliges Nichtstun. Dann kommen die besten Gedanken und die schönsten Träume über dich. Dann verschwinden die Probleme, die du hinter deinen Wänden hast. Geh in den Wald! Da bekommst du einen klaren Kopf, eine ruhige Seele und ein friedliches Herz. Und du sagst zu mir: Wenn ich das doch könnte! Und ich antworte dir: Du bist ja schon unterwegs!

PHIL BOSMANS

24. JUNI

Im vorigen Jahrhundert besuchte ein Tourist aus den Vereinigten Staaten den berühmten polnischen Rabbi Hofetz Chaim.

Erstaunt sah er, dass der Rabbi nur in einem einfachen Zimmer voller Bücher wohnte. Das einzige Mobiliar waren ein Tisch und eine Bank.

„Rabbi, wo sind Ihre Möbel?“, fragte der Tourist. „Wo sind Ihre?“, erwiderte Hofetz.

„Meine? Aber ich bin nur zu Besuch hier. Ich bin nur auf der Durchreise“, sagte der Amerikaner.

„Genau wie ich“, sagte der Rabbi.

CHASSIDISCHE GESCHICHTE

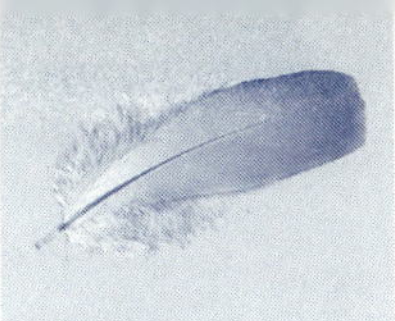

25. JUNI

Stets überließ der Meister jedem, das Tempo der eigenen Entwicklung zu bestimmen. Man wusste, dass er nie „antrieb“. Er erklärte das mit folgendem Gleichnis:

Ein Mensch sah zu, wie ein Schmetterling sich anstrengte, aus seiner Puppe zu schlüpfen. Es ging ihm nicht schnell genug, also begann er, sanft darauf zu blasen. Sein warmer Atem beschleunigte tatsächlich den Prozess. Aber was herauskroch, war nicht ein Schmetterling, sondern eine Kreatur mit übel zugerichteten Flügeln.

„Einen Wachstumsprozess“, schloss der Meister, „kann man nicht beschleunigen, man kann ihn nur abbrechen.“

ANTHONY DE MELLO

26. JUNI

Wein trinkt man nicht nur.
Man riecht ihn.
Man betrachtet ihn.
Man schmeckt ihn.
Man schlürft ihn.
Man spricht über ihn.

MARKGRÄFLER WEISHEIT,
BADEN-WÜRTTEMBERG

27. JUNI

Ein sizilianischer Bauer hatte ein kleines Feld oberhalb einer Schlucht. Täglich stieg er mehrmals in die tiefe Schlucht hinab, um auf seinem Rücken Wasser für seine Pflanzen hinaufzutragen.

Als die Ingenieure kamen und ihn seine mühsame Arbeit verrichten sahen, boten sie ihm an, eine Pumpe zu bauen, die ihm die Schlepperei ersparen würde und das Wasser je nach Bedarf hochpumpen könnte.

Der Bauer lehnte höflich ab: „Wenn ich das Wasser nicht mehr selber tragen würde, dann fehlte mir die Zeit zum Nachdenken.“

ITALIENISCH

28. JUNI

Das ist gerade der paradoxe Aspekt meiner Erfahrung: Je mehr ich einfach gewillt bin, inmitten dieser ganzen Komplexität des Lebens ich selbst zu sein, und je mehr ich gewillt bin, die Realitäten in mir selbst und im anderen zu verstehen und zu akzeptieren, desto mehr scheint Veränderung in Gang zu kommen. Es ist eine sehr paradoxe Sache – in dem Maße, wie jeder von uns gewillt ist, er selbst zu sein, entdeckt er, dass er sich verändert und nicht nur das: Er findet auch, dass sich andere verändern, zu denen er Beziehung hat. Dies ist zumindest ein sehr lebendiger Teil meiner Erfahrung und eine der tiefsten Erkenntnisse, die ich in meinem persönlichen und beruflichen Leben gewonnen zu haben glaube.

CARL ROGERS

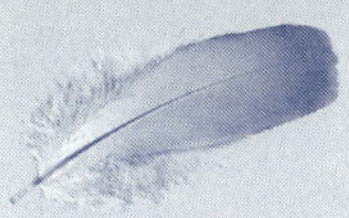

29. JUNI

Die, welche mich beobachten,
sagen:
Ein friedliches Heim,
eine große Familie,
die Hände voll Arbeit –
welches Glück sie hat!
Wie alle Frauen habe ich mich
im Einerlei der Tage verbraucht:
Ich musste nähren, trösten,
ermutigen, helfen.
In mir aber weint etwas,
das nie das Tageslicht gesehen hat.
Ist es zu spät?

ANCELLE

30. JUNI

Das Intensive höher als das Extensive schätzen. Die Vollkommenheit besteht nicht in der Quantität, sondern in der Qualität. Alles Vortreffliche ist stets wenig und selten: Die Menge und Masse einer Sache macht sie gering-geschätzt. Sogar unter den Menschen sind die Riesen meistens die eigentlichen Zwerge. Einige schätzen die Bücher nach ihrer Dicke; als ob sie geschrieben wären, die Arme, nicht die Köpfe daran zu üben. Das Extensive allein führt nie über die Mittelmäßigkeit hinaus, und es ist das Leiden der universellen Köpfe, dass sie, um in allem zu Hause zu sein, es nirgends sind. Hingegen ist es das Intensive, woraus die Vortrefflichkeit entspringt.

BALTASAR GRACIÁN

JULI

ZEIT,
EINFACH ZU LEBEN

1. JULI

Es gibt nichts Neues unter der Sonne,
aber es gibt doch unzählige Dinge,
die uns heute unbekannt sind.
Wir haben kaum noch den Saum
unseres wirklichen Lebens berührt
und wissen wenig,
was es denn eigentlich heißt
zu leben!

PRENTICE MULFORD

2. JULI

Ein berühmter tibetischer Meister hat den Zustand der Meditation einmal so erklärt: Stell dir einen Bauern vor, der nach einem langen, harten Arbeitstag auf dem Feld endlich wieder nach Hause kommt und sich in seinen Sessel vor dem warmen Kamin fallen lässt. Dieser Mann hat den ganzen Tag geschuftet. Er weiß, dass alles getan ist. Jetzt braucht er sich um nichts mehr Gedanken zu machen. Nichts ist unerledigt geblieben. Er kann alle Sorgen und Gedanken lassen – zufrieden, einfach nur zu sein.

TIBETISCHE WEISHEIT

3. JULI

Wie die meisten meiner Generation bin ich nach dem Sprichwort „Müßiggang ist aller Laster Anfang“ erzogen worden. Da ich ein sehr braves Kind war, glaubte ich alles, was man mir sagte; und so entwickelte sich mein Pflichtgefühl derart, dass ich zeit meines Lebens und bis zum heutigen Tag nicht umhin konnte, immer schwer zu arbeiten. Aber wenn mir auch mein Handeln vom Gewissen vorgeschrieben war, so hat sich doch in meinen Ansichten eine Revolution vollzogen. Ich glaube nämlich, dass in der Welt viel zuviel gearbeitet wird, dass die Überzeugung, Arbeiten sei an sich schon vortrefflich und eine Tugend, ungeheuren Schaden anrichtet, und dass es Not täte, den modernen Industrieländern etwas ganz anderes zu predigen, als man ihnen bisher immer gepredigt hat. (1)

4. JULI

Allgemein bekannt ist ja die Geschichte von dem Reisenden, der in Neapel zwölf Bettler in der Sonne liegen sah (vor Mussolinis Zeit natürlich) und der dem Faulsten eine Lira schenken wollte. Elf sprangen auf und streckten die Hand nach dem Geld aus, weshalb er es dem Zwölften gab. Dieser Reisende hatte das Wesentliche erfasst. Aber in Ländern, denen nicht die Sonne des Südens lacht, ist es schwieriger, müßig sein zu können, und es wird umfassender allgemeiner Propaganda bedürfen, um damit einen Anfang zu machen. (2)

BERTRAND RUSSELL

5. JULI

Ein Astronom fragte: „Meister, was ist mit der Zeit?“ Und er antwortete: „Ihr wollt die Zeit messen, die maßlose und unvermessliche.
Nach Stunden und Jahreszeiten wollt ihr euren Wandel richten und sogar den Lauf des Geistes lenken.
Aus der Zeit wollt ihr einen Strom machen, an dessen Ufer ihr sitzt und zuschaut, wie er fließt.
Doch das Zeitlose in euch ist sich der Zeitlosigkeit des Lebens bewusst. Und weiß, dass Gestern nichts anderes ist als die Erinnerung von Heute und Morgen der Traum von Heute. Und dass, was in euch singt und sinnt, immer noch innerhalb der Grenzen jenes ersten Augenblicks weilt, der die Sterne in den Weltraum schleudert. (1)

6. JULI

Wer unter euch fühlt nicht, dass seine Kraft zu lieben grenzenlos ist? Und wer fühlt dennoch nicht, dass die Liebe, obgleich grenzenlos, im Kern seines Seins eingeschlossen ist und nicht von Liebesgedanken zu Liebesgedanken oder von Liebestat zu Liebestat zieht? Und ist nicht die Zeit wie die Liebe, ungeteilt und ungezügelt? Doch wenn ihr in eurem Denken die Zeit in Jahreszeiten messen müsst, lasst eine jede Jahreszeit all die anderen umfassen, und lasst das Heute die Vergangenheit mit Erinnerungen umschlingen und die Zukunft mit der Sehnsucht.“ (2)

KHALIL GIBRAN

7. JULI

Wer das Leben fragte tausend Jahre: Warum lebst du? – könnte es antworten, es spräche nicht anders als: Ich lebe darum, daß ich lebe. Das kommt davon, weil Leben lebt aus seinem eigenen Grund heraus und aus seinem Eigenen quillt. Darum lebt es ohne Warum, indem es sich selber lebt. Wer nun fragte einen wahrhaften Menschen, der da wirkt aus eigenem Grund heraus: Warum wirkst du deine Werke – wenn er recht antwortete, er spräche nicht anders denn: Ich wirke, damit ich wirke.

MEISTER ECKHART

8. JULI

Er saß vor seiner Hütte und ließ sich die milde Abendsonne auf den Kopf scheinen. Ich zeigte ihm meine Schuhe, die ich mir bei Ausgrabungsarbeiten im Geröll einer alten Inka-Stadt zerfetzt hatte, und er betrachtete sie eingehend. Schließlich meinte er: „Sie sind kaputt." Darauf entgegnete ich geduldig: „Würden Sie so gut sein und sie mir flicken?" – „Einen Augenblick" – und mit einer leichten Kopfbewegung rief er in seine Hütte hinein: „Alte, wie viel Geld haben wir noch?"
Ich hörte, wie es im Hause rumorte, wie eine Schranktür geöffnet wurde, wie ein Kastendeckel klappte. Dann vernahm ich das Geräusch des Geldzählens. „17 Pesos."
Über die bis dahin unbewegliche Miene des Schusters ging ein bedauerndes Lächeln: „Kommen Sie doch etwa in sechs Wochen noch einmal wieder. Sie werden verstehen, wenn wir noch so viel Geld haben, kann ich jetzt nicht arbeiten."

WALTER LEHMANN

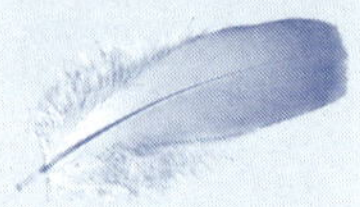

9. JULI

Der Nährboden der Seele ist das natürliche Leben. Wer dieses nicht begleitet, bleibt in der Luft hängen und erstarrt. Darum verholzen so viele Menschen im reifen Alter, sie schauen zurück und klammern sich an die Vergangenheit mit geheimer Todesfurcht im Herzen. Sie entziehen sich dem Lebensprozess wenigstens psychologisch und bleiben darum als Erinnerungssalzsäulen stehen, die sich zwar noch lebhaft an ihre Jugendzeit zurückerinnern, aber kein lebendiges Verhältnis zur Gegenwart finden können. Von der Lebensmitte an bleibt nur der lebendig, der mit dem Leben sterben will. Denn das, was in der geheimen Stunde des Lebensmittags geschieht, ist die Umkehr der Parabel, *die Geburt des Todes.*

CARL GUSTAV JUNG

10. JULI

Eine der bösesten Auswirkungen
der Hast oder vielleicht unmittelbar
der Hast erzeugenden Angst –
sie ist die offenkundige Unfähigkeit
moderner Menschen, auch nur kurze Zeit
mit sich selbst allein zu sein.

KONRAD LORENZ

11. JULI

Keine Tätigkeit – und wäre sie noch so geringfügig oder lästig – sollte uns ermüden oder beschwerlich fallen. Wir haben an jedem Tage hundertmal Gelegenheit, die sogenannten kleinen Dinge zu tun, die uns ungeduldig machen. Wir reißen den Überrock vom Haken, greifen rasch und gleichgültig nach diesem oder jenem Gegenstand, schleudern unsere Briefe hin und gönnen uns nicht die Freude, ihnen Form und Leserlichkeit zu geben. Wir gebrauchen unsere Muskeln immerfort und irgendwie auf eine Art, die uns kein Vergnügen bereitet. Jede Bewegung eines Muskels aber, die uns kein Vergnügen bereitet, ist ein Prozeß, der uns abbaut. Er trägt sein Kleinteil dazu bei, unseren Körper aufzubrauchen. Er erzeugt die Gewohnheit der Ungeduld und Ruhelosigkeit.

PRENTICE MULFORD

12. JULI

Warum erfüllen uns Gräser, eine Wiese, eine Tanne mit so reiner Lust? Weil wir da Lebendiges vor uns sehen, das nur von außen her zerstört werden kann, nicht durch sich selbst. Der Baum wird nie an gebrochenem Herzen sterben und das Gras nie seinen Verstand verlieren. Von außen droht ihnen jede mögliche Gefahr, von innen her aber sind sie gefeit. Sie fallen sich nicht selbst in den Rücken wie der Mensch mit seinem Geist und ersparen uns damit das wiederholte Schauspiel unseres eigenen zwiespältigen – darum aber freilich auch umso entwicklungsfähigeren – Lebens.

CHRISTIAN MORGENSTERN

13. JULI

Ich möchte Sie, so gut ich es kann, bitten, ... Geduld zu haben gegen alles Ungelöste in Ihrem Herzen und zu versuchen, die Fragen selbst liebzuhaben ... Forschen Sie jetzt nicht nach den Antworten, die Ihnen nicht gegeben werden können, weil Sie sie nicht leben könnten. Und es handelt sich darum, alles zu leben. Leben Sie jetzt die Fragen. Vielleicht leben Sie dann allmählich, ohne es zu merken, eines fernen Tages in die Antwort hinein ... – aber nehmen Sie das, was kommt, in großem Vertrauen hin, und wenn es nur aus Ihrem Willen kommt, aus irgendeiner Not ihres Innern, so nehmen Sie es auf sich und hassen Sie nichts.

RAINER MARIA RILKE

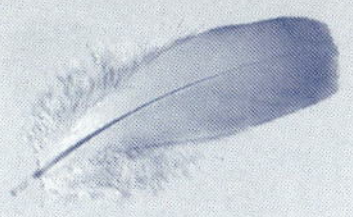

14. JULI

Paula wird unruhig. Es ist fünf Uhr früh, und ich fühle mich so müde, als hätte ich die ganze Nacht noch vor mir. Ich drehe mich ganz vorsichtig von rechts nach links. Könnte ich mich doch nur einmal richtig ausstrecken wie in guten, alten Zeiten, als dieses Bett mir ganz alleine gehörte, aber an so etwas ist seit Paulas Geburt nicht mehr zu denken. Links von mir also dieses süße kleine Bündel, rechts von mir schnarcht Sylvester, unser Vierjähriger, und hinter ihm schläft tief und fest mein Mann. Paula schlägt ihr Köpfchen hin und her. Wo ist der Schnuller? Aha, hinter ihrem Ohr – und wo ist jetzt ihr Mündchen? So, das hätten wir! Göttliches Kind! Vielleicht fällt es dir ja heute morgen ein, den Schnuller der Brust vorzuziehen und mich noch zwei Stündchen schlummern zu lassen. Aber nein! Schwups fliegt der Schnuller raus. Das Ganze noch einmal. Vergeblich. Jetzt beschwert sie sich. (1)

15. JULI

Ihr zartes Säuseln verwandelt sich in ein ziegenhaftes Meckern. Es hilft nichts – bevor sie alle aufweckt, muss ich mit ihr aufstehen. Ich taste mich durch die Dunkelheit zum Sofa. In gedämpftem Licht, gerade hell genug, um die Zeiger auf der Wanduhr zu erkennen, bekommt die kleine Tyrannin ihre heißersehnte Brust, zehn Minuten die rechte, zehn Minuten die linke. Müde, wie ich bin, halte ich mich an Messbares. So werden die Minuten nicht zur Ewigkeit. Bloß nicht einschlafen! Sonst kippe ich am Ende mit der Kleinen noch vornüber, und wir landen auf dem Teppich. Sie hält die Augen fest geschlossen und trinkt zügig. Genüsslich atme ich den Honigduft ihres Nackens ein. Dass sie so hungrig sein kann, wo sie doch erst um zwei Uhr früh ihre letzte Mahlzeit eingenommen hat, wundert mich jedes Mal. (2)

16. JULI

Vielleicht träumt sie ja sehr anstrengend. Gleich werden wir wieder ins Bett kriechen. Nun noch das Bäuerchen. Na komm schon, Paula! Wo bleibt das Bäuerchen? Wir wandern ein wenig herum, vorbei an Paulas himmelblauem Bettchen und dem Stubenwagen mit dem fliederfarbenen Himmel, vorbei an Sylversters Abenteuerhochbett und Jürgens Futon. Ihre weiche Pausbacke streichelt meinen Hals. Süßes Paket, probieren wir es einmal mit dem „Fliegergriff". Ah ja, da kommt es endlich aus der Tiefe herauf. Es breitet sich eine himmlische Ruhe aus. Der obligatorische Schluckauf, der uns sonst zu längeren nächtlichen Wanderungen zwingt, bleibt heute aus. Welch ein Segen! Und jetzt nichts wie ins Bett. Jetzt kann es so eng sein, wie es will, mich stört nichts mehr. (3)

17. JULI

Ich drücke Paula den Schnuller ins Mäulchen und höre kurz darauf ein zartes Schnarchen. Selig schlafe ich ein. Drei Stunden später steht ein entrüsteter junger Mann vor unserem Bett, in voller Montur, mit Stiefeln, Jacke, Mütze, Schal und Handschuhen: „Wenn mich jetzt nicht sofort einer in den Kindergarten bringt, gehe ich alleine!"
Guten Morgen, der Tag kann beginnen!
(4)

ULRIKE PYLL HEIDKAMP

18. JULI

Alle Welt reist. So gewiss in alten Tagen eine Wetterunterhaltung war, so gewiss ist jetzt eine Reise-Unterhaltung. „Wo waren Sie in diesem Sommer?“, heißt es von Oktober bis Weihnachten; „wohin werden Sie sich im nächsten Sommer wenden?“ heißt es von Weihnachten bis Ostern; viele Menschen betrachten elf Monate des Jahres nur als eine Vorbereitung auf den zwölften, nur als die Leiter, die auf die Höhe des Daseins führt. Um dieses Zwölftels willen wird gelebt, für dieses Zwölftel wird gedacht und gedarbt; die Wohnung wird immer enger und die Herrschaft des Schlafsofas immer souveräner, aber „der Juli bringt es wieder ein“.

THEODOR FONTANE

19. JULI

Das lebendige Leben muss etwas unglaublich Einfaches sein, das Alltäglichste und Unverborgenste, etwas Tagtägliches und Allstündliches, etwas dermaßen Gewöhnliches, dass wir einfach nicht glauben können, dieses Einfache könnte es sein, und deshalb gehen wir schon so viele Jahrtausende an ihm vorüber, ohne es zu bemerken und zu erkennen.

FJODOR M. DOSTOJEWSKI

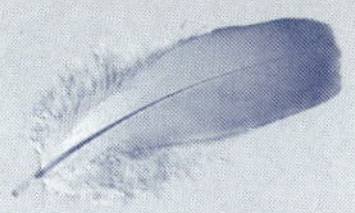

20. JULI

Wenn die Wolken am Himmel aufsteigen, so ist das ein Zeichen, dass es regnen wird. Da lässt sich dann weiter nichts machen als warten, bis der Regen fällt. So ist es auch im Leben, wenn ein Schicksal sich vorbereitet. Solange die Zeit noch nicht erfüllt ist, soll man nicht sorgen und durch eigenes Machen und Eingreifen die Zukunft gestalten wollen, sondern in Ruhe Kraft sammeln durch Essen und Trinken für den Leib, durch Heiterkeit und Guter-Dinge-Sein für den Geist. Das Schicksal kommt ganz von selbst, und dann ist man bereit.

I GING

21. JULI

Als wirklicher Philosoph, der er war, glaubte Sokrates, ein weiser Mensch würde instinktiv ein einfaches Leben führen. Er selbst pflegte noch nicht einmal Schuhe zu tragen. Und doch fühlte er sich immer wieder vom Marktplatz angezogen und besuchte ihn oft, um die dort angebotenen Waren zu betrachten.
Als einer seiner Freunde ihn fragte, warum er das täte, sagte Sokrates: „Ich gehe gerne hin, um festzustellen, wie viele Dinge es gibt, ohne die ich fantastisch auskomme.“

ANTHONY DE MELLO

22. JULI

Briefe, Anrufe, Gespräche versetzen mich in den Dschungel, in dem Menschen sich gegenseitig erniedrigen, quälen, zur Verzweiflung bringen.
Hier triumphieren die unmenschlichen Instinkte des Menschen: Gier, Egoismus, Machtmissbrauch, Triebhaftigkeit, Heuchelei, Gewalt.
Wenn ich dann ohnmächtig bei den Opfern sitze, die am Ende ihrer Kräfte sind und mit ihrem Leben Schluss machen wollen, dann möchte ich in diesen Dschungel schreien: Zurück, Menschen! Zurück zum einfachen Leben, zu den einfachen Dingen des Lebens! Zurück zur Güte, Freundschaft, Zufriedenheit!

PHIL BOSMANS

23. JULI

Ein Wanderer:
„Wie wird das Wetter heute?“
Der Schäfer: „So, wie ich es gerne habe.“
„Woher wisst Ihr, dass das Wetter so sein wird, wie Ihr es liebt?“
„Ich habe die Erfahrung gemacht, mein Freund, dass ich nicht immer das bekommen kann, was ich gerne möchte. Also habe ich gelernt, immer das zu mögen, was ich bekomme. Deshalb bin ich ganz sicher: Das Wetter wird heute so sein, wie ich es mag.“

ANTHONY DE MELLO

24. JULI

Wenn die Lippen geschlossen sind, beginnt das Herz zu sprechen; wenn das Herz schweigt, entzündet sich die Seele, wird zur Flamme und erleuchtet das ganze Leben. Dieser Gedanke zeigt die große Bedeutung der Stille, und diese Stille wird in der Ruhe erlangt.
Die meisten Menschen wissen nicht, was Ruhe bedeutet, weil sie nur ein Verlangen danach haben, wenn sie müde sind, während sie sonst nicht die Notwendigkeit der Ruhe erkennen.

HAZRAT INAYAT KHAN

25. JULI

Wann lernen wir Nachdenklichkeit?
Im Schweigen.
Und wann üben wir Geduld? Im Schweigen.
Schweigen heißt, dass wir jedes Wort
und jede Handlung vorher erwägen sollen.
Ein meditativer Mensch hat gelernt, dieses
Schweigen in seinem täglichen Leben
natürlich zu gebrauchen.
Wer im täglichen Leben zu schweigen weiß,
hat bereits zu meditieren gelernt. (1)

26. JULI

Jemand mag eine halbe Stunde des Tages für die Meditation reservieren, aber wenn er danach zwölf bis fünfzehn Stunden aktiv ist, verbraucht die Aktivität alle Kraft, die er in der Meditation gewonnen hat. Beides muss zusammenwirken. Wer die Kunst des Schweigens erlernen will, muss das Schweigen in seinem Bewusstsein festhalten, wie viel Arbeit er auch zu tun hat. Wenn man dies nicht beachtet, wird man nicht den vollen Gewinn aus der Meditation haben. (2)

HAZRAT INAYAT KHAN

27. JULI

Wissen Sie, was ewiges Leben ist? Sie meinen, es sei Leben ohne Ende. Doch die Theologen werden Ihnen sagen, dass das eine verrückte Vorstellung ist, denn „ohne Ende“ ist immer noch ein Zeitbegriff – Zeit, die für immer fortdauert. Ewig heißt zeitlos – ohne Zeit. Der menschliche Verstand kann Zeit verstehen und sie leugnen. Die Mystiker jedoch lehren uns, dass die Ewigkeit jetzt geschieht. Ist das keine gute Botschaft?
Die meisten Menschen sind sehr beunruhigt, wenn ich ihnen sage, sie sollten ihre Vergangenheit vergessen. Sie sind doch so stolz auf ihre Vergangenheit – oder sie schämen sich dafür. Vergessen Sie das alles! Wenn man Ihnen sagt: „Bereuen Sie Ihre Vergangenheit“, so bedeutet das, wach zu werden, und nicht: „wegen seiner Sünden zu weinen“. (1)

28. JULI

Werden Sie wach und hören Sie mit dem Weinen auf. „Wie lange dauert die Gegenwart, eine Minute oder eine Sekunde?“ – „Viel kürzer und viel länger“, sagte der Meister. „Kürzer weil der Augenblick, den du angezielt hast, vorbei ist. Länger, weil, wenn du je in sie eingedrungen bist, du auf die Zeitigkeit stoßen und erfahren wirst, was Ewigkeit ist.“ „Wie soll ich Ewiges Leben erlangen?“ „Ewiges Leben ist heute und jetzt. Lebe in der Gegenwart.“ – „Aber ich bin in der Gegenwart oder nicht?“ – „Nein.“ – „Warum nicht?“ – „Weil du deine Vergangenheit nicht abgeworfen hast.“ – „Warum sollte ich meine Vergangenheit abwerfen? Nicht alles an ihr ist schlecht.“ – „Die Vergangenheit muss abgeworfen werden, nicht weil sie schlecht ist, sondern weil sie tot ist.“ (2)

ANTHONY DE MELLO

29. JULI

Wer nicht Halt macht und den Blick nach innen wendet, wird nicht finden. Das Suchen und Vergleichen des Verstandes ist ganz und gar falsch. Wendeten die Menschen ihre Aufmerksamkeit auf das Ich zurück, sie würden alles verstehen.

ZEN-WEISHEIT

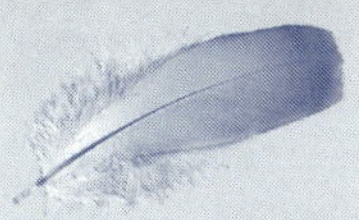

30. JULI

Im Kloster gab es keine Uhren. Als sich ein Geschäftsmann über mangelnde Pünktlichkeit beklagte, sagte der Meister: „Bei uns herrscht eine kosmische Pünktlichkeit und keine geschäftliche Pünktlichkeit."
Der Geschäftsmann sah darin keinen Sinn. Und so fügte der Meister hinzu: „Alles hängt vom Gesichtspunkt ab. Was bedeutet aus der Sicht des Waldes der Verlust eines Blattes? Was bedeutet aus der Sicht des Kosmos der Verlust deines Terminkalenders?"

ANTHONY DE MELLO

31. JULI

Eine aktive junge Frau fühlte sich gestresst und überanstrengt.
Der Arzt verschrieb ihr Tranquilizer und sagte, sie solle nach einigen Wochen wiederkommen.
Als sie das nächste Mal kam, fragte er sie, ob sie sich besser fühle.
Sie sagte: „Nein, aber ich habe festgestellt, dass die anderen Leute viel entspannter zu sein scheinen.“

ANTHONY DE MELLO

AUGUST

ZEIT,
EINEN DOM ZU BAUEN

1. AUGUST

Drei Bauarbeiter waren dabei, Steine zu behauen, als ein Fremder zu ihnen trat und den ersten Arbeiter fragte:
„Was tun Sie da?"
„Sehen Sie das denn nicht?", meinte der und sah nicht einmal auf. „Ich behaue Steine!"
„Und was tun Sie da?", fragte der Fremde den zweiten.
Seufzend antwortete der: „Ich muss Geld verdienen, um für meine Familie Brot zu beschaffen. Meine Familie ist groß."
Der Fremde fragte auch einen dritten: „Was tun Sie da?"
Dieser blickte hinauf in die Höhe und antwortete leise und stolz: „Ich baue einen Dom!"

ABENDLÄNDISCHE WEISHEIT

2. AUGUST

„Das Wichtigste ist Geduld“, sagte ein Mann zu seinem Freund, als diesem ein hohes Amt übertragen worden war. Der Freund versprach, den Rat zu befolgen. „Vergiss es nicht“, wiederholte der Mann, „das Wichtigste ist Geduld.“ Der Freund nickte zustimmend. Doch der Mann sagte ein drittes Mal: „Das Wichtigste ist, niemals die Geduld zu verlieren.“
Da wurde der Freund ärgerlich und rief: „Hältst du mich für einen Schwachkopf? Scher dich zum Teufel mit deinem albernen Geschwätz!“
„Siehst du, jetzt hast du sie schon verloren“, sagte der Mann, „dabei habe ich dir dreimal gesagt, dass Geduld das Wichtigste ist“
Also: Geduld braucht man vor allem dann, wenn man sie leicht verlieren kann.

GERHARD BRANSTNER

3. AUGUST

Aushalten und Geduld haben, keine Hilfe erwarten als die ganz große, nahezu wunderbare, das hat mich von Kindheit auf weitergebracht; und so möchte ich auch diesmal, trotzdem das Elend etwas länger vorhält als gewöhnlich, meine Natur nicht durch äußere Stöße vorwärtsbringen, sondern, als der Letzten einer, warten, bis sie selber den entscheidenden Sprung tut: Nur dann weiß ich, daß es meine eigene und echte Kraft war, und nicht eine geborgte oder gar nur ein fremdes Ferment, das in die Höhe gärt, um wieder zurückzusinken unter trüben Niederschlägen.

RAINER MARIA RILKE

4. AUGUST

So geht es uns in der Musik: Erst muss man eine Figur und Weise überhaupt hören lernen, heraushören, unterscheiden, als ein Leben für sich isolieren und abgrenzen; dann braucht es Mühe und guten Willen, sie zu ertragen, trotz ihrer Fremdheit, Geduld gegen ihren Blick und Ausdruck, Mildherzigkeit gegen das Wunderliche an ihr zu üben: – endlich kommt ein Augenblick, wo wir ihrer gewohnt sind, wo wir sie erwarten; und nun wirkt sie ihren Zwang und Zauber fort und fort und endet nicht eher, als bis wir ihre entzückten Liebhaber geworden sind ... – Wir werden schließlich immer für unseren guten Willen, unsere Geduld, Billigkeit, Sanftmütigkeit gegen das Fremde belohnt, indem das Fremde langsam seinen Schleier abwirft und sich als neue unsägliche Schönheit darstellt: – es ist sein Dank für unsere Gastfreundschaft.

FRIEDRICH NIETZSCHE

5. AUGUST

Die Weisen haben immer die Zufriedenheit gelehrt. „Widerstrebt nicht dem Übel", heißt es in der Bibel. Und doch, wie viele geben dem Übel nach! Die eigentliche Meinung der Heiligen Schrift ist folgende: Angenommen, jemand sei böse mit uns. Lehnen wir uns dagegen auf, so nehmen wir teil an seinem Ärger; dem Feuer, das in unserem Gemüt entzündet wird, erlauben wir zu entflammen. Widersteht dem Übel nicht auf diese Weise! Nehmt nicht teil am Übel des anderen! Ist man aber ruhig und gelassen, so wird die Ruhe und Sanftmut eine größere Wirkung auf den anderen ausüben als sein Zorn. Der wahre Widerstand ist also eine Übung der Geduld. Geduld ist die beste Eigenschaft, die der Mensch entwickeln kann. (1)

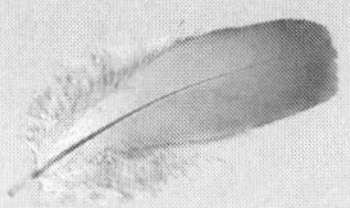

6. AUGUST

Wir sind immer geneigt, aufgeregt oder verärgert zu werden, wenn andere uns nicht verstehen. Warum denn sich aufregen, falls es anderen nicht möglich ist, uns zu verstehen? Durch die Erregung machen wir diejenigen, die dumm oder ungeschickt sind, nur noch dümmer und ungeschickter. Wir können ihnen auf diese Weise nicht helfen, sondern haben teil an ihrer Arbeit, indem wir ihnen widerstehen. Wenn wir innerlich ruhig wären, wenn wir Geduld hätten, dann wären wir in Harmonie. Harmonie ist das Größte, was wir im Leben zu lernen haben. Alle Misshelligkeiten in der Ehe, zwischen Freunden und Geschäftspartnern und in der Politik entstehen aus Mangel an Geduld. (2)

HAZRAT INAYAT KHAN

7. AUGUST

Optimismus ist in seinem Wesen keine Ansicht über die gegenwärtige Situation, sondern er ist eine Lebenskraft, eine Kraft der Hoffnung, wo andere resignieren, eine Kraft, den Kopf hoch zu halten, wenn alles fehlzuschlagen scheint, eine Kraft, Rückschläge zu ertragen, eine Kraft, die die Zukunft niemals dem Gegner lässt, sondern sie für sich in Anspruch nimmt. Es gibt gewiss auch einen dummen, feigen Optimismus, der verpönt werden muss. Aber den Optimismus als Willen zur Zukunft soll niemand verächtlich machen, auch wenn er hundertmal irrt; er ist die Gesundheit des Lebens, die der Kranke nicht anstecken soll.

DIETRICH BONHOEFFER

8. AUGUST

Gib mir Gelassenheit,
das hinzunehmen,
was nicht zu ändern ist.
Gib mir den Mut,
das zu ändern,
was zu ändern ist.
Gib mir die Einsicht,
dies beides voneinander
zu unterscheiden.

FRIEDRICH CHRISTOPH OETINGER

9. AUGUST

Der Mensch, der keine Zeit hat,
und das ist eines unserer Kennzeichen,
kann schwerlich Glück haben.
Notwendig verschließen sich ihm
große Quellen und Mächte,
wie der Muße, des Glaubens,
der Schönheit in Kunst und Natur.

ERNST JÜNGER

10. AUGUST

Ein jeder prüfe seine Gedanken:
Er wird sie alle mit der Vergangenheit oder mit der Zukunft beschäftigt finden. Wir denken fast gar nicht an die Gegenwart; und wenn wir daran denken, dann nur, damit wir aus ihr eine Einsicht erlangen, um über die Zukunft zu verfügen. Die Gegenwart ist nie unser Ziel: Die Vergangenheit und die Gegenwart sind unsere Mittel; die Zukunft allein ist unser Ziel.
So leben wir nie, sondern wir hoffen zu leben, und während wir uns immer in Bereitschaft halten, glücklich zu sein, ist es unvermeidlich, dass wir es nie sind.

BLAISE PASCAL

11. AUGUST

Unsere Tragödie besteht darin,
dass sich der Lebensrhythmus
nicht mehr nach dem Herzschlag
richtet, sondern nach der rasenden
Umdrehung von Turbinen,
die sich täglich steigert.

GEORGES BERNANOS

12. AUGUST

Es gibt keinen, der nicht in irgendetwas der Lehrer des andern sein könnte, und jeder, der andere übertrifft, wird selbst noch von jemandem übertroffen werden. Von jedem Nutzen zu ziehen verstehen, ist ein nützliches Wissen. Der Weise schätzt alle, weil er in jedem das Gute erkennt und weiß, wie viel dazu gehört, eine Sache gut zu machen. Der Dumme verachtet alle, weil er das Gute nicht kennt und das Schlechtere erwählt.

BALTASAR GRACIÁN

13. AUGUST

Ein Bettler von Schiras fand einen kleinen Spiegel, in dem, sagt man, das hässlichste Gesicht sich schön zeigte. Er war klug und wusste dieses Glas so zu gebrauchen, dass es ein Schatz in seinen Händen war. Er hielt den Vorübergehenden seinen Spiegel mit einer demütigen Gebärde vor und sagte: „Betrachtet das reizende Gesicht, das euch Gott gegeben hat und schenkt eurem armen Diener ein kleines Almosen!“ Was konnte man einem so höflichen Bettler und einem so gefälligen Spiegel abschlagen? Jedermann gab mit mildem Herzen und besonders den Frauen sehr reichlich, so dass es ihm und den Seinen keinen Tag an überflüssigem Unterhalt fehlte. (1)

14. AUGUST

Einst wurde der alte Bettler krank; sogleich vertraute er diesen gewinnreichen Spiegel seinem Sohn an und lehrte ihn, mit aller Sorgfalt denselben zu gebrauchen; aber seine Mühe war verloren. Der Knabe kam gegen Abend wieder, ohne etwas gewonnen zu haben. Er gestand, er habe vergessen, den vorübergehenden mitleidigen Seelen den wundertätigen Spiegel vorzuhalten: Er habe von ungefähr selbst hineingesehen und sich so schön gefunden, so schön, dass er den ganzen Tag nichts anders habe tun können, als sich selbst zu bewundern. „Armer Tor!", sagte der alte Schalk, „was hast du damit gewonnen? Bist du dadurch reicher oder weniger hässlich geworden? Lerne von deinem Vater, wie ein kluger Mensch sich von einem Toren unterscheidet: Der Tor schmeichelt sich selbst und der Kluge dem Toren." (2)

15. AUGUST

„Mein Vater“, sagte des Bettlers verständige Tochter, „ich glaube, beides ist dem Menschen schädlich. Eigenliebe macht dumm und lässt sich betrügen; Schmeichelei gegen andere aber macht des Schmeichlers Angesicht zu einem trügerischen Spiegel, in welchen nur der Tor gern schaut und zeitig genug mit Reue belohnt wird. Komm, mein Bruder, wir wollen uns unsern Unterhalt auf eine anständige Weise erwerben.“ (3)

MORGENLÄNDISCHE ERZÄHLUNG

16. AUGUST

„Zukunft!“, höre ich immer sagen. Ich höre von Zukunftserwartung und zukünftigen Aufgaben, ich werde mit Zukunftsperspektiven gefüttert und darauf eingestimmt, dass ich die Zukunft mit zu bewältigen habe. Wenn ich allerdings konkreter werde und frage, wie und was ich bewältigen soll, bekomme ich zur Antwort, das sei alles noch Zukunftsmusik. Großartige Aussichten, denke ich, während ich mir ständig vor Augen halte, dass heute Morgen nicht das Heute von morgen ist, morgen aber einmal heute sein wird. Wir müssen in die Zukunft investieren. Das sehe ich ein. Die Zukunft wird es bringen. Das kann ich zwar nicht überprüfen, aber von der Zukunft lässt sich immerhin erwarten, dass sie etwas bringen wird, sonst wäre es keine Zukunft. (1)

17. AUGUST

Außerdem bin ich Optimist, weil mich Pessimismus auch nicht fröhlicher stimmt. Mir ist längst ganz zukünftig zumute. Ich halte es mit der Zukunft, ich arbeite für die Zukunft. Eigentlich habe ich immer für die Zukunft gearbeitet. Für meine Zukunft und für die allgemeine Zukunft. Es gab ständig Entwicklungen, die aus dem mehr oder weniger bedeutungslosen Heute heraus unsere Welt von morgen schufen. Das habe ich jahrzehntelang miterlebt und fleißig dabei mitgewirkt. Das Morgen war dann immer wieder von gestern, weil sich inzwischen eine neue Zukunft auftat, die unsere Ankunft in der Zukunft in eine neue Abfahrt verwandelte. Eine Zukunft löst die andere ab, weil sie viel zukünftiger und vor allem ein paar Jahre jünger ist als die vergangene Zukunft. „Künftig wird alles anders sein“, so lautet die Begleitmusik Es ist dann genauso anders wie vorher. (2)

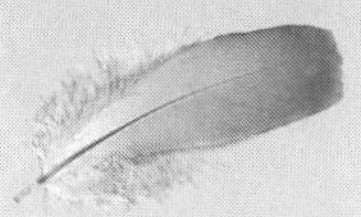

18. AUGUST

[…] Zukunft hat nur, was die Zukunft bringt. Sie bringt eigentlich alles, was wir von ihr erwarten, da wir unsere Erwartungen immer weiter hinausschieben können und sich damit weitere Zukunftsaussichten für uns eröffnen.
Auch meine Zukunft habe ich solange als Zukunft behandelt, bis mir klar wurde, dass ich so gut wie keine mehr habe. Und das, obwohl ich für alle zukunftsweisenden Vorstellungen, Konzeptionen und Techniken aufgeschlossen bin und zukunftsorientiert zu denken, zu leben und zu arbeiten pflege. […] Manchmal denke ich, bei all dieser Zukunft wäre ein kleines bisschen heute auch nicht zu verachten. Wir leben jetzt, wenn's recht ist. (3)

RÜDIGER MÜLLER

19. AUGUST

Je älter ich werde, desto tiefer empfinde ich, alles ist Glück und Gnade, das Kleine so gut wie das Große.
Der verdrehte Pastor B. hatte recht, wenn er betete: „Gott, lass heute die Sonne scheinen; meine Frau hängt heute Wäsche auf." Natürlich ist es frech und kindisch, den lieben Gott mit solchem Gebet zu inkommodieren, aber das ist richtig, dass wir nichts in unserer Hand haben, und dass wir von Minute zu Minute von einer Rätselmacht abhängig sind, die uns streichelt oder schlägt. Daher ist das mir Widerstrebendste, Ängstigendste das Vorsehungspielenwollen so vieler Leute. Gott lässt sich nicht hineinpfuschen.

THEODOR FONTANE

20. AUGUST

Das Bewußtsein vorausgesetzt, daß auch zwischen den nächsten Menschen unendliche Fernen bestehen bleiben, kann ihnen ein wundervolles Nebeneinanderwohnen erwachsen, wenn es ihnen gelingt, die Weite zwischen sich zu lieben, die ihnen die Möglichkeit gibt, einander immer in ganzer Gestalt und vor einem großen Himmel zu sehen!

RAINER MARIA RILKE

21. AUGUST

Es gibt einen schönen Satz von Tranxu, einem großen chinesischen Weisen, den ich mir gut gemerkt habe: „Wenn der Bogenschütze schießt, ohne einen besonderen Preis gewinnen zu wollen, kann er seine ganze Kunst entfalten; schießt er, um eine Bronzemedaille zu erringen, fängt er an, unruhig zu werden; schießt er um den ersten Preis, wird er blind, sieht zwei Ziele und verliert die Beherrschung. Sein Können ist dasselbe, aber der Preis spaltet ihn. Er ist ihm wichtig! Er denkt mehr ans Gewinnen als ans Schießen, und der Zwang zu gewinnen schwächt ihn."
Gilt dieses Bild nicht für die meisten Menschen? Wenn man nicht für Erfolg lebt, verfügt man über all sein Können, besitzt all seine Kräfte, ist entspannt, sorgt sich nicht; es macht einem nichts aus, ob man verliert oder gewinnt.

ANTHONY DE MELLO

22. AUGUST

Wo findet man glückliche Menschen? Unter den Optimisten. Sie verstehen sich aufs Glücklichsein, weil sie es verstehen, die guten Seiten des Lebens zu sehen. Noch nie traf ich einen glücklichen Pessimisten. Pessimisten sitzen im Nebel. Alles ist grau, sie sehen nicht durch. Opstimisten machen ihre Fenster auf für das Licht, für die Sonne. Sie wissen, dass bei den Menschen viel Leid, viel Elend und Dunkel ist. Aber selbst in den dunkelsten Nächten entdecken sie Sterne. Optimisten glauben an das Gute. Sie glauben an den Sinn des Lebens. Sie sind der Beweis, dass der Mensch mehr ist als eine Nummer in einer großen Masse, mehr als ein Rädchen in einem Riesenapparat. Sie glauben an Freundschaft unter den Menschen. Sie verbreiten eine Atmosphäre des Vertrauens, sie schaffen ein Klima der Freude.

PHIL BOSMANS

23. AUGUST

Jeder Mensch trägt Gedanken in sich, die ihm auf der Stelle Frieden bringen können. Ich suche die meinigen. Was für Gedanken machen mich warm und gütig und vertreiben Hass und Ärger aus meinem Herzen? Was für Gedanken machen mein Leben sinnvoll, bringen mir Zufriedenheit und Freude, treiben mich an zu dienen?

ANTHONY DE MELLO

24. AUGUST

Einmal wurde Meister Ikkyu gebeten:
„Willst du mir einige Regeln der
höchsten Weisheit aufschreiben?“
Ikkyu nahm den Pinsel und schrieb:
„Achtsamkeit.“
Der andere wunderte sich: „Ist das alles?
Willst du noch etwas hinzufügen?“
Ikkyu schrieb daraufhin:
„Achtsamkeit, Achtsamkeit.“
Verärgert wollte der andere nun wissen:
„Was heißt dieses Wort?“
Ikkyu antwortete:
„Achtsamkeit heißt Achtsamkeit.“

ALTJAPANISCHE ZEN-TRADITION

25. AUGUST

Rüste dich mit klarem Bewusstsein:
klar bewusst beim Kommen und Gehen,
beim Hinschauen und Wegschauen,
beim Hinsetzen und Aufstehen,
beim Tragen deiner Kleidung,
beim Essen und Trinken,
Kauen und Schmecken,
beim Gehen, Stehen und Sitzen,
beim Einschlafen und Erwachen,
beim Sprechen und Schweigen.

GAUTAMA BUDDHA

26. AUGUST

Das Auge sagte eines Tages: „Ich sehe hinter diesen Tälern im blauen Dunst einen Berg. Ist er nicht wunderschön?"
Das Ohr lauschte und sagte nach einer Weile: „Wo ist der Berg? Ich höre keinen!"
Darauf sagte die Hand: „Ich versuche vergeblich, ihn zu greifen. Ich finde keinen Berg!"
Die Nase sagte: „Ich rieche nichts. Da ist kein Berg!"
Da wandte sich das Auge in eine andere Richtung. Die anderen diskutierten weiter über diese merkwürdige Täuschung und kamen zu dem Schluss: „Mit dem Auge stimmt etwas nicht!"

KHALIL GIBRAN

27. AUGUST

Bemühe dich von jetzt an, recht aufmerksam zu sein auf alle Erscheinungen, die dich umgeben. Keine ist unwichtig, jede, auch die scheinbar unbedeutendste, enthält doch etwas, das merkwürdig ist, wenn wir es nur wahrzunehmen wissen. Aber bestrebe dich, nicht bloß die Erscheinungen wahrzunehmen, sondern auch etwas von ihnen zu lernen. Frage bei jeder Erscheinung entweder: worauf deutet das hin?, und dann wird die Antwort dich mit irgendeiner nützlichen Lehre bereichern; oder frage wenigstens, wenn das nicht geht: womit hat das Ähnlichkeit?, und dann wird das Auffinden des Gleichnisses wenigstens deinen Verstand schärfen.

HEINRICH VON KLEIST

28. AUGUST

Nun besteht das Merkwürdige darin, dass die Fähigkeit zu unbewusster Erinnerungsaufnahme umso größer ist, je bewegter, je erfüllter die Seele sich in dem betreffenden Moment befindet, ein Gesetz, dessen Wahrheit Sie im Leben an sich selbst erproben können. Welche Menschen, welche Örtlichkeiten haften am lebhaftesten in Ihrer Erinnerung? Zum Beispiel die Städte, die Menschen, die Gegenden, die Sie als müßige Touristen in Augenschein nahmen? Gewiss nicht, sondern im Gegenteil jene, an welchen Sie mit teilnahmslosem Willen vorbeigingen, während Ihr Gemüt von einem wichtigen Ereignis aufgerührt war. [...] Und immer lautet das Gesetz so: Je vollständiger die Seele aufgerüttelt und der Geist absorbiert ist, desto schärfer wird das Zufällige unwillkürlich beobachtet.

CARL SPITTELER

29. AUGUST

Sehen und hören usw. können alle Menschen, aber wahrnehmen, das heißt mit der Seele den Eindruck der Sinne auffassen und denken, das können bei weitem nicht alle. Sie haben nichts als das tote Auge, und das nimmt das Bild der Natur so wenig wahr wie die Spiegelfläche des Meeres das Bild des Himmels. Die Seele muss tätig sein, sonst sind doch alle Erscheinungen der Natur verloren, wenn sie auch auf alle Sinne wirkten ...

HEINRICH VON KLEIST

30. AUGUST

Können wir Inneres anders aufnehmen als dadurch, daß es Oberfläche wird? Unsere Freude an einer Frucht, an einem Tier, an einer Landschaft – ist sie nicht Deutung, Auslegung, Aneignung einer bestimmten Oberfläche? Und was wir Geist und Seele und Liebe nennen – ist das nicht alles nur eine leise Veränderung auf der kleinen Oberfläche eines nahen Gesichtes? Und muß, wer uns das geben will, sich nicht an das Greifbare halten – an die Form, die er fassen und nachfühlen kann? Und weiter: Wer alle Formen zu sehen und zu geben vermöchte, würde der uns nicht – fast ohne es zu wissen – alles Geistige geben?

RAINER MARIA RILKE

31. AUGUST

Derart ist die Gestalt aller Dinge, derart die bildende Kraft des menschlichen Auges, dass die Grundformen, der Himmel, der Berg, der Baum, das Tier uns ein Entzücken gewähren, das wir in ihnen und für sie empfinden. Ein Vergnügen fließt zu uns herüber von Linie, Farbe, Bewegung und Zusammenstellung. Und es scheint, als sei es ein Teil des Auges selbst.

Das Auge ist der beste Künstler. Indem es seine Form nach seinen Absichten und nach den Gesetzen des Lichtes verändert, erzeugt es eine Fernsicht, die jeden Gegenstand in seiner wesentlichen Erscheinung mit allen Farben und Schatten in eine Kugel einspannt, dass, wo die Einzelgegenstände unbedeutend und ohne Reiz sind, die Landschaft, die sie zusammen ausmachen, Form und Symmetrie hat.

RALPH WALDO EMERSON

SEPTEMBER

ZEIT
FÜR HERZGEDANKEN

1. SEPTEMBER

„Ich bin mit den Nerven fertig!"
Die Klage unserer Tage. Nervenärzte, Psychiater haben alle Hände voll zu tun. Wir leben zu gehetzt und gejagt. Wir haben den Sinn verloren für Stille, Ruhe, für die Nacht, die Gott uns zur Erholung gab. Gestörte Nächte machen gereizt, und Nervosität schafft neue Probleme. Eine Nacht gut schlafen: So löst sich manches Problem. Versuch es einmal. Warte bis zum anderen Tag, um dich aufzuregen. Und du wirst sehen, dass es meistens nicht der Mühe wert war. Gute Nacht! Leg dich nicht schlecht gelaunt ins Bett. Geh mit einem Herzen schlafen, das morgen wieder lieben kann.

PHIL BOSMANS

2. SEPTEMBER

Wenn immer das Geld der Hauptlebenszweck eines Menschen oder eines Volkes ist, wird es sowohl schlecht erworben als schlecht verausgabt und richtet beim Erwerben und beim Ausgeben Schaden an. Wenn es aber nicht der vornehmste Zweck ist, wird es mitsamt allen andern Dingen wohl erlangt und wohl verbraucht. Das ist für jeden Menschen die Probe, ob ihm das Geld Hauptzweck ist oder nicht. Wenn er im mittleren Lebensalter innehalten kann und sagen: „Nun ich genug davon zu leben habe, will ich davon leben; ich habe es wohl verdient und will es auch gut ausgeben und arm aus der Welt gehen, wie ich hineinkam“ – dann ist ihm Geld nicht die Hauptsache. (1)

3. SEPTEMBER

Wenn er aber genug hat, um davon zu leben, in der Weise, wie sie seinem Rang und Stand geziemt, und doch mehr erwerben und reich sterben will, dann ist ihm das Geld Hauptzweck und wird zum Fluch für ihn selbst und meistens auch für die, die es nach ihm ausgeben. Denn ihr wisst, einmal muss es ausgegeben werden; es fragt sich nur, ob der, der es erwarb, es verausgaben soll oder jemand anders; und im allgemeinen ist es besser, wenn der es ausgibt, der es erwarb; denn er kennt seinen Wert und Nutzen am besten. (2)

JOHN RUSKIN

4. SEPTEMBER

Das Geheimnis des Glücks ist unter der Hülle geistiger Erkenntnis verborgen. Und geistige Erkenntnis heißt, dass im Menschenherzen ein immerwährendes Sehnen lebendig ist, etwas von seinem Ursprung, etwas von seinem eigentlichen, im tiefsten wesensmäßigen Zustand zu erfahren – von dem Zustand des Friedens und der Freude, der gestört worden ist und immer wieder gestört wird und nach dem man sich stets sehnt und sucht, nach dem zu suchen man nicht aufhören kann, bis schließlich der wahre Ursprung gefunden und verwirklicht ist.

HAZRAT INAYAT KHAN

5. SEPTEMBER

Ich habe gefunden, dass der unbehaglichen Sehnsucht nach einem andern Zustand [...] Eingeschränktheit, Unwissenheit und Schwäche zugrunde liegen. Die Natur führt uns wahrlich am sichersten und leichtesten; nur das ist schwer zu unterscheiden, was Natur ist und was sie nicht ist. Um dies zu erfahren, kann ich Dir nichts Besseres empfehlen als sorgfältige Untersuchung dessen, was Du wirklich bist und nicht bist. Ungeduldig musst Du freilich nicht hierbei sein, denn selber dieser anscheinend langsame Gang unsrer Bildung und Entwicklung ist Gang der Natur. Ihr getreulich folgen, nie ungeduldig zu sein, immer das Gute anzuerkennen, was wir haben, und nichts unterdrücken, was gesundes wahres Gefühl ist – das ist das, was uns zu tun übrig bleibt, und wahrlich, es ist genug.

NOVALIS

6. SEPTEMBER

Es gibt Menschen, die sieht man niemals lachen. Sie sehen vielmehr aus, als ob jeden Tag die Welt unterginge, für die am Morgen die Sonne untergeht.
Es gibt Menschen, die können überall lachen, nur nicht zu Hause. Überall sind sie freundlich, charmant und amüsant, nur zu Hause sind sie verschlossen, schlecht gelaunt und unausstehlich.
Irgendetwas stimmt nicht mit dem Lachen der Menschen. Es gibt zu viel höflich gespieltes Lachen, zu viel bezahltes und dreckiges Lachen, zu viel auf Geld abgerichtetes Lachen, zu viel höhnisch verletzendes Lachen. – Natürlich gibt es Tage, da kann man nicht lachen. Tage voller Sorgen und Leid. Tage, an denen der Tod anklopft. Dann kann man nicht lachen. Wer dann lacht, ist wahnsinnig.
Die wahren Freuden des Lebens haben tiefe Wurzeln: in einem liebevollen Herz.

PHIL BOSMANS

7. SEPTEMBER

Jeder nimmt es an, der im Leben voranzukommen wünscht, ohne zu wissen, was Leben ist, der meint, dass es sich darum handelt, mehr Pferde, mehr Diener, mehr Vermögen und mehr öffentliche Ehre zu erlangen und – nicht mehr persönliche Seele. Der nur kommt im Leben vorwärts, dessen Herz sanfter, dessen Blut wärmer, dessen Verstand schärfer wird und dessen Geist in den lebendigen Frieden eingeht. Die Menschen, welche dieses Leben in sich haben, sind die wahren Herren und Könige der Erde – sie und sie allein.

JOHN RUSKIN

8. SEPTEMBER

Man kann gar nicht oft genug im Leben das Gefühl des Anfangs in sich aufwecken, es ist so wenig äußere Veränderung dafür nötig, denn wir verändern ja die Welt von unserem Herzen aus, will dieses nur neu und unermesslich sein, so ist sie sofort wie am Tage ihrer Schöpfung und unendlich.

RAINER MARIA RILKE

9. SEPTEMBER

Wir vergleichen das Herz mit dem
Meer, weil seine Reinheit darin besteht,
beständig tief und durchsichtig zu sein.
Wie das Meer in seiner reinen Tiefe
die Höhe des Himmels spiegelt,
so spiegelt das Herz, wenn es ruhig,
tief durchsichtig ist, in seiner reinen
Tiefe die himmlische Erhabenheit des
Guten wider. Kommt nur das Geringste
zwischen sie, zwischen Himmel und
Meer, zwischen das Herz und das Gute,
wär's auch nur die Ungeduld,
das Spiegelbild wiederzugeben,
so ist das Meer nicht mehr rein,
so spiegelt es den Himmel nicht mehr.

SÖREN KIERKEGAARD

10. SEPTEMBER

Palmströms Uhr ist andrer Art,
reagiert mimosisch zart.

Wer sie bittet, wird empfangen.
Oft schon ist sie so gegangen,

wie man herzlich sie gebeten,
ist zurück- und vorgetreten,

eine Stunde, zwei, drei Stunden,
je nachdem sie mit empfunden.

Selbst als Uhr, mit ihren Zeiten,
will sie nicht Prinzipien reiten.

Zwar ein Werk, wie allerwärts,
doch zugleich ein Werk – mit Herz.

CHRISTIAN MORGENSTERN

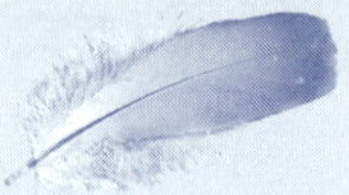

11. SEPTEMBER

Vergiss nicht, dass dein Gesicht für andere bestimmt ist, dass andere es anschauen müssen und dass nichts so auf die Nerven geht als ein chronisch schlecht gelauntes Gesicht. Tu etwas für dein Gesicht. Nicht nur deinetwegen, um dich selbst im Spiegel schön zu finden, sondern vor allem wegen der anderen. Die beste Gesichtspflege heißt nicht: Hautcreme einreiben, Augenbrauen nachziehen, Wimperntusche auftragen, Lidschatten anbringen. Tu etwas für dein Gesicht von innen. Lass deine Güte durchscheinen, lege Fröhlichkeit in deine Augen, entspanne deinen Mund zu einem Lächeln. Das geht, wenn du Hausputz hältst, Hausputz des Herzens. Unnötige Sorgen ausfegen, Nörgelei und überflüssige Kritik entsorgen. Hör auf, den täglichen Ärger mit finsterer Miene wiederzukäuen.

PHIL BOSMANS

12. SEPTEMBER

Der Meister klagte über die Übel des Konkurrenzkampfes. „Holen Wettbewerb und Konkurrenzkampf nicht das Beste aus uns heraus?", fragte jemand. „Sie holen das Schlimmste heraus, denn sie lehren dich das Hassen."
„Was hassen?"
„Dich selbst - denn du lässt zu, dass deine Aktivität von deinem Konkurrenten bestimmt wird und nicht von deinen Erfordernissen und Grenzen. *Andere* – denn du versuchst, auf ihre Kosten vorwärts zu kommen."
„Das hieße dann aber, alle Veränderung und allen Fortschritt zu Grabe zu tragen", erhob einer Widerspruch. Sagte der Meister: „Der einzige Fortschritt, den es gibt, ist der Fortschritt der Liebe. Die einzige Veränderung, die wert ist, erstrebt zu werden, ist die Veränderung des Herzens."

ANTHONY DE MELLO

13. SEPTEMBER

Die Zeit,
die ist ein sonderbares Ding.
Wenn man so hinlebt,
ist sie rein gar Nichts.
Aber dann auf einmal,
da spürt man nichts als sie.
Sie ist um uns herum,
sie ist auch in uns drinnen.
In den Gesichtern rieselt sie,
im Spiegel da rieselt sie,
in meinen Schläfen fließt sie.
Und zwischen mir und dir –
da fließt sie wieder.
Lautlos, wie eine Sanduhr.

HUGO VON HOFMANNSTHAL

14. SEPTEMBER

Wäre das Vertrauen des Herzens aller Dinge Anfang ... Du möchtest Träger eines Feuers bis in die Nächte der Menschheit sein – wirst du in dir ein inneres Leben ohne Anfang noch Ende wachsen lassen? Es ist ein Lauffeuer. Das Hinreißendste an deinem Dasein ist das fortwährende Sichweiten eines solchen inwendigen Lebens. Dort, in dir, geschieht das unerhörteste menschliche Abenteuer. Und bis in deine Dunkelheit entzündet sich ein Feuer, das nie verlöscht.
Könnte man ein Herz ergründen, entdeckte man voll Staunen in seinem tiefsten Grund eine Erwartung, die Erwartung einer stillen Liebe. (1)

15. SEPTEMBER

In jedem Menschen liegt eine geistliche Kraft, die nicht von ihm stammt. Er kann sie ablehnen, sogar verwerfen – sie ist immer da. Sie entschwindet nie. Sie ist Leidenschaft einer Erwartung. Sie ist eine Quelle des Vertrauens, eingesenkt vom Geist des lebendigen Gottes. Daraus entspringt alles.
Wäre das Vertrauen des Herzens aller Dinge Anfang ... ginge es jedem kleinen oder großen Unterfangen voraus ...
du kämst weit, sehr weit. Du würdest Personen und Ereignisse von einem inneren Blick voll Frieden her wahrnehmen und nicht mit einer dich in Vereinzelung treibenden Unruhe. (2)

ROGER SCHUTZ

16. SEPTEMBER

Wenn ihr gemeinsam alt geworden seid und die Kinder aus dem Haus sind, zählt dann euer Eheleben nicht mehr nach Jahren, sondern nach den kleinen Freuden, die jeder Tag bringt. Nach wie vor seht ihr einander gern. Vielleicht seid ihr nach wie vor einander eine Last, aber ihr könnt einander immer weniger vermissen.
Es kommt eine Zeit, da ihr nicht mehr viel Worte habt, um einander das zu sagen. Das braucht es auch nicht. Euer Zusammensein ist so selbstverständlich geworden. Ihr könnt euch das Leben ohne den anderen nicht mehr vorstellen.
Wenn dann einer von euch beiden ans andere Ufer gegangen ist, wird es sehr schwer. Ich sah, wie ein Mann vor dem Foto seiner verstorbenen Frau weinte. Eine Kerze brannte davor, und ich hörte ihn sagen: „Hätte ich ihr doch mehr gezeigt, wie gern ich sie hatte. Hätte ich sie doch mehr in die Arme genommen.“

PHIL BOSMANS

17. SEPTEMBER

Wenn die Frau die Tür schlägt
und der Mann sie sacht schließt,
gibt es, wenn nicht eine Musterehe,
so doch eine erträgliche.
Schlagen sie beide die Tür,
so ist das freilich schon so etwas
wie die „Hölle auf Erden".
Schlägt der Mann sie und die Frau
schließt sie sacht, dann ist's manchmal
der Himmel, aber manchmal auch
die Langeweile auf Erden.

WILHELM RAABE

18. SEPTEMBER

Was du ersehnst, ist etwas Großes, ja das höchste Gut und fast etwas Göttliches: Unerschütterlichkeit. Diesen beharrlichen Seelenzustand nennen die Griechen „Gemütsruhe“ (euthymía). Ich nenne ihn Seelenfrieden. Wir fragen also, wie der Geist immer gleichmäßig in der richtigen Bahn sich bewege, sich selbst wohlgesinnt sei, seine Lage heiter betrachte und diese Heiterkeit nicht unterbreche, sondern in milder Stimmung bleibe, indem er sich weder überhebt noch sich niederdrücken lässt: Das wird dann der Seelenfriede sein.

JAMES REDFORD

19. SEPTEMBER

Es wird immer gesagt, dass die
menschliche Natur herzlos sei.
Glaube es nicht. Die menschliche Natur
ist gütig und großmütig;
doch ist sie eng und blind und
kann nur schwer etwas erfassen,
was sie nicht gerade sieht und fühlt.
Die Leute würden sich sofort um andere
so gut wie um sich selbst bekümmern,
wenn sie sich nur in sie hineindenken
könnten.

JOHN RUSKIN

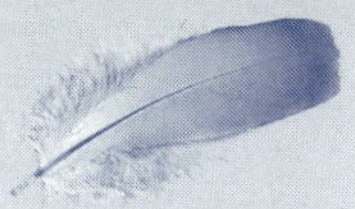

20. SEPTEMBER

Worte, die voll sind von der Kraft
der Liebe, bringen die Menschen
zusammen.
Sie lösen Freude aus, sie machen
Menschen neu und schaffen
eine bessere Welt.
Worte können Menschen verändern.
Jedes Wort ist eine Geburt.
Ein gutes Wort, das eindringt ins Herz,
verändert das Herz.
Ein Wort, im richtigen Augenblick
gesagt oder gehört, geschrieben
oder gelesen, ist wie ein Stück Brot
in der Hungersnot.

PHIL BOSMANS

21. SEPTEMBER

Die Gelegenheit, den Menschen große Dienste zu erweisen, ist nicht sehr häufig.
Dagegen kann man auf Schritt und Tritt jemandem eine kleine Freude machen.
Wenn es auch bloß ein freundlicher Gruß wäre, der schon manches einsame und freudearme Dasein wie ein Sonnenstrahl erhellen kann.

CARL HILTY

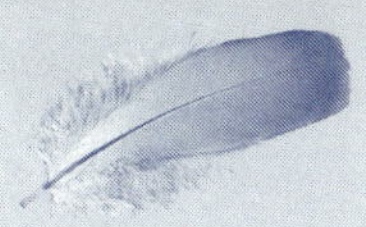

22. SEPTEMBER

HERBSTTAG

Herr, es ist Zeit. Der Sommer war sehr groß.
Leg deinen Schatten auf die Sonnenuhren,
und auf den Fluren laß die Winde los.

Befiel den letzten Früchten, voll zu sein;
gib ihnen noch zwei südlichere Tage,
dränge sie zur Vollendung hin und jage
die letzte Süße in den schweren Wein.

Wer jetzt kein Haus hat, baut sich keines mehr.
Wer jetzt allein ist, wird es lange bleiben,
wird wachen, lesen, lange Briefe schreiben
und wird in den Alleen hin und her
unruhig wandern, wenn die Blätter treiben.

RAINER MARIA RILKE

23. SEPTEMBER

Wenn jemand schlecht über einen anderen spricht, werden seine Worte den anderen vielleicht nicht erreichen, aber seine Gefühle erreichen ihn. Wenn dieser andere feinfühlig ist, spürt er, dass jemand etwas gegen ihn gesagt hat, und wenn er den sieht, der so über ihn geredet hat, vermag er alles Gesagte in seinem Gesicht zu lesen. Die Welt gleicht einem Haus voller Spiegel; einer spiegelt sich im anderen wider. Wohl scheint vieles auf Erden verborgen zu sein, in Wirklichkeit aber bleibt nichts verborgen; früher oder später tritt alles zutage und wird offenkundig.

HAZRAT INAYAT KHAN

24. SEPTEMBER

Ich erwachte eines Tages [...] aus tiefem Schlaf und bemerkte, dass alle meine Masken gestohlen worden waren [...] Unmaskiert lief ich durch die belebten Straßen und rief: „Diebe, Diebe, verfluchte Diebe!“
Einige Männer und Frauen lachten mich aus, und andere eilten aus Angst vor mir davon. Als ich zum Marktplatz kam, rief ein junger Mann vom Dach eines Hauses herab: „Er ist ein Narr!“
Ich hob den Kopf, um nach ihm zu sehen. Da küsste zum ersten Mal die Sonne mein entblößtes Gesicht. Und zum ersten Mal entflammte meine Seele in Liebe zur Sonne, und nicht länger verlangte es mich nach meinen Masken.
Wie in Trance rief ich: „Gesegnet, gesegnet seien die Diebe, die mich meiner Masken beraubten!“

KHALIL GIBRAN

25. SEPTEMBER

Du wohnst hinter deinem Gesicht. Dein Gesicht ist der Spiegel deines Inneren. Verträgt dein Gesicht kein Lächeln mehr, dann ist dahinter etwas faul. Dein Herz ist krank. Ein kaltes Gesicht kommt aus einem kalten Herzen. Menschen mit sauren Gesichtern versauern das Leben. Mach dein Herz gesund. Zaubere aus deinem Herzen ein Lächeln hervor – auf der Straße, im Büro, bei der Arbeit, in der Kantine, beim Gespräch, zu Hause. Weil du es schön findest, einfach so.

PHIL BOSMANS

26. SEPTEMBER

Wir brauchen weniger „Welt-Gefühl"
und mehr „Seelen-Gefühl"
wie etwa Freude an der Natur,
Nähe zu anderen Menschen,
den Zauber eines Sonnenuntergangs,
Lachen, den Genuss der Sinnes-
empfindungen, die sich nicht durch
Zwang oder als Ersatzhandlungen
herbeiführen lassen.

ANTHONY DE MELLO

27. SEPTEMBER

Nichts wünsche ich mir mit größerem Sehnen, als den stürmischen Ozean zu erblicken, [...] als eine Offenbarung des wahren Seins der Natur; oder ich sollte besser sagen, für mich existierten keine wunderbaren Schauspiele bis auf jene, von denen mir bekannt war, dass sie nicht auf künstliche Weise arrangiert wurden, um mir Vergnügen zu bereiten, sondern notwendig und unabwendbar waren: die Schönheit der Landschaft oder der großen Kunst. Mein Wunsch war es, jenes zu kennen, was mir von größerer Wahrheit erschien, das will sagen, was nach meinem Dafürhalten den Vorzug besaß, mir einen Einblick in die Kraft, den Zauber der Natur zu gewähren, und zwar auf jene Weise, wie sie sich entfaltet, wenn sie ohne das Beitun des Menschen nur sich selbst überlassen ist.

MARCEL PROUST

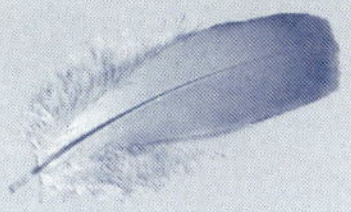

28. SEPTEMBER

Ich sehe den Morgen von der Spitze des Hügels drüben oberhalb meines Hauses: Ein Engel würde sich meiner Empfindungen freuen. Die langen schlanken Wolkenstreifen schwimmen wie Fische in einem karmesinroten Lichtmeer. Fort von der Erde ihrer Küste. Ich schaue in dieses friedliche Meer. An ihren flinken Veränderungen ergötze ich mich. Und ein selbsttätiges Entzücken erfüllt mich Erdenwurm. Mir wird leicht, und ich vereinige mich mit dem Morgenwind.

RALPH WALDO EMERSON

29. SEPTEMBER

Wer selig zu sein verstehen will, der muss den Antibaedeker studieren, er muss vergessen können, dass er in Neapel oder am Vierwaldstättersee wandelt; er muss nur die Bäume, das Wasser, den Himmel und das alles vereinigende Licht schauen, mit der Seele die Spinnenfäden ahnen, welche dieses Bild mit der Unendlichkeit verknüpfen; er muss nicht bloß im Augenblick, zeitlich begrenzt, zu leben verstehen, sondern auch im Augenbild, örtlich begrenzt. Es lohnt sich, dies zu lernen: Die Vorbedingung aber, um dies zu erlernen, lautet: die Namenkenntnis, oder mit einem andern Wort das prosaische geographische Ortsbewusstsein entlassen zu können.

CARL SPITTELER

30. SEPTEMBER

Obgleich er recht bedeutsam ist, sendet der Augenblick keinen Boten voraus, der seine Ankunft verkündet, dazu kommt er zu rasch heran, zuvor gibt es kein bisschen Zeit mehr. Auch nähert sich der Augenblick, wie bedeutsam er auch ist, nicht lärmend oder mit Geschrei, nein, er nähert sich leise, mit sanfterem Schritt als das sanfteste Gehen, denn er nähert sich mit dem leichten Schritt des Unvermittelten. Leise pirscht er sich an. Daher muss man vollkommen still sein, will man dieses „Jetzt ist er gekommen" empfinden – im nächsten Augenblick ist es vorüber, weshalb man vollkommen still gewesen sein muss, wenn es gelingen soll, ihn zu nutzen.

SØREN KIERKEGAARD

OKTOBER

ZEIT FÜR DIE KLEINEN WUNDER

1. OKTOBER

In einer kleinen Stadt mitten im Chinesischen Reich wohnte einst ein Mann, der eine Art Kontrabass besaß. Er war Musiker zeit seines Lebens und liebte es zu spielen. Jeden Morgen, zur selben Stunde, nahm er sein Instrument, legte den Finger stets nur auf eine einzige Stelle der einen Saite und strich mit dem Bogen gleichmäßig den Ton. Nie veränderte er seine Haltung, nie variierte er Griff oder Rhythmus.
Eines Tages, als seine Frau vom Markt nach Hause kam, sprach sie zu ihm: „Mir ist heute etwas Sonderbares widerfahren. Auf dem Weg zu den Händlern hörte ich plötzlich liebliche Laute, so rein, so zart, dass ich den ungewohnten Klängen folgte. Und ich traf einen Mann an einem Instrument, gleich wie das Deine. Es hatte aber fünf Saiten, und der Mann ließ alle seine Finger über den Steg gleiten. Dabei spielte er eine wunderschöne Melodie.“ (1)

2. OKTOBER

„Warum“, so fragte die Frau,
„lässt du nicht deine Finger, die nicht minder flink sind, wie ich weiß, über das Holz eilen, und warum nimmst du nicht auch fünf Saiten anstatt nur eine?“
Der Musiker, der seiner Frau aufmerksam zugehört hatte, sah sie lange an: „Dieser Mann sucht noch“, sagte er, „ich aber habe gefunden.“ (2)

CHINESISCHE WEISHEIT

3. OKTOBER

Es gibt eine aufschlussreiche Geschichte von einem Mönch, der in der ägyptischen Wüste lebte und so von Versuchungen gequält wurde, dass er es nicht mehr länger aushalten konnte. Er beschloss also, seine Zelle zu verlassen und an einen anderen Ort zu gehen. Als er seine Sandalen anlegte, um seinen Entschluss auszuführen, sah er nicht weit entfernt einen anderen Mönch, der sich auch die Sandalen anzog. „Wer bist du?", fragte er den Fremden. „Ich bin dein eigenes Ich", lautete die Antwort, „solltest du etwa meinetwegen diesen Ort verlassen, dann wisse, wohin du auch immer gehst, ich stets mit dir gehen werde."

Ein verzweifelter Patient sagte zu seinem Psychiater. „Wohin ich auch gehe, immer muss ich mich mitnehmen, und das verdirbt mir jeden Spaß."

ANTHONY DE MELLO

4. OKTOBER

Der Weg der Reisenden, die zur Stadt gehen, ist derselbe wie der Weg derer, die aus der Stadt kommen. Auch die Haustür ist die gleiche für diejenigen, die eintreten, und für diejenigen, die hinausgehen ... Was soll damit angedeutet werden? Dass du keinen ganz neuen, dir bislang völlig unbekannten Weg suchen musst, wenn du zur Wahrheit zurückkehren willst; nein, du musst nur jenen dir bekannten Weg wiederfinden, den du herabgestiegen bist. Folge also in umgekehrter Richtung deinen eigenen Spuren.

BERNHARD VON CLAIRVAUX

5. OKTOBER

Dreißig Speichen teilen sich in die
Nabe des Rades:
Das Loch in der Mitte macht es
brauchbar.
Forme Ton zu einem Gefäß:
Der leere Raum darin macht es
brauchbar.
Brich Türen und Fenster in ein Zimmer:
Die Öffnungen machen es brauchbar.
Daher kommt Vorteil aus dem, was ist;
Brauchbarkeit aus dem, was nicht ist.

LAOTSE

6. OKTOBER

Meine Eltern – das war Schutz, Vertrauen, Wärme. Wenn ich an meine Kindheit denke, spüre ich noch heute das Gefühl der Wärme über mir, hinter mir und um mich, dieses wunderbare Gefühl, noch nicht auf eigene Rechnung zu leben, sondern sich ganz, mit Leib und Seele, auf andere zu stützen, die einem die Last abnehmen. Meine Eltern trugen mich auf Händen, und das ist wohl der Grund, warum ich in meiner ganzen Kindheit niemals den Boden berührte.

Ich konnte weggehen, konnte zurückkommen; die Dinge hatten kein Gewicht und hafteten nicht an mir. Ich lief zwischen Gefahren und Schrecknissen hindurch, wie Licht durch einen Spiegel dringt. Das ist es, was ich als Glück meiner Kindheit bezeichne, diese magische Rüstung, die – ist sie einem erst einmal umgelegt – Schutz gewährt für das ganze Leben.

JACQUES LUSSEYRAN

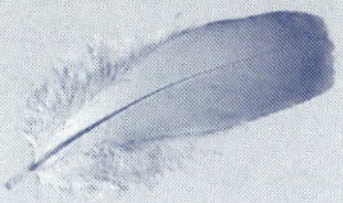

7. OKTOBER

Ich glaube an eine geistige Welt nicht als etwas, was außerhalb dieser Welt ist, sondern als ihre innerste Wahrheit ... Als Kinder dieser großen Welt, die erfüllt ist von dem Geheimnis des Unendlichen, können wir unser Dasein nicht als eine flüchtige Laune des Zufalls ansehen, das auf dem Strom der Materie einem ewigen Nichts zutreibt. Wir können unser Leben nicht ansehen als Traumgebilde eines Träumers, für den es nie ein Erwachen gibt. (1)

8. OKTOBER

Wir sind als Persönlichkeiten geschaffen, für die Stoff und Kraft nichts bedeuten, wenn sie nicht auf eine unendliche Persönlichkeit bezogen werden, deren Natur wir in gewissem Maße wiederfinden in der menschlichen Liebe, in der Größe des Guten, in der unaussprechlichen Schönheit der Natur, die nicht eine rein physische Tatsache, sondern der Ausdruck einer Persönlichkeit sein kann ... Die Frage, warum es Böses im Dasein gibt, ist das gleiche, wie wenn man fragt, warum es Unvollkommenheit gibt oder, mit anderen Worten, warum es überhaupt eine Schöpfung gibt. Wir müssen es als gegeben hinnehmen, dass es nicht anders sein kann, dass die Schöpfung unvollkommen sein muss, nur gradweise vorhanden, und dass es zwecklos ist zu fragen: „Warum sind wir da?“ (2)

9. OKTOBER

Die eigentliche Frage, die wir stellen sollten, heißt: Ist diese Unvollkommenheit die letzte Wahrheit, ist das Böse absolut und endgültig? Der Fluss hat seine Grenzen, seine Ufer; aber ist ein Fluss nur Ufer? Oder sind die Ufer die letzte Wirklichkeit des Flusses? Zwingen nicht diese Hindernisse das Wasser weiterzufließen? Das Schlepptau bindet ein Boot, aber ist die Bindung sein Sinn? Zieht das Tau nicht zugleich das Boot vorwärts? (3)

RABINDRANATH TAGORE

10. OKTOBER

Zwei Lastkutscher kamen mit voll geladenen Karren einher. Die Wege waren verschlammt, und beide Karren fuhren sich fest. Einer der beiden Kutscher war fromm. Er fiel dort im Schlamm auf die Knie und begann, Gott darum zu bitten, er möge ihm helfen.
Er betete, betete, betete ohne Unterlass und betrachtete dabei den Himmel.
Währenddessen fluchte der andere, arbeitete aber. Er suchte sich Zweige, Blätter und Erde zusammen. Er schob am Karren. Er schimpfte, was das Zeug hielt.
Und da geschah das Wunder: Aus der Höhe steigt ein Engel nieder. Zur Überraschung der beiden Kutscher kommt er jedoch demjenigen zu Hilfe, der geflucht hat. Der arme Mann ist ganz verwirrt und ruft aus: „Entschuldige, das muss ein Irrtum sein. Sicher gilt die Hilfe dem anderen.“ Aber der Engel sagte: „Nein, sie gilt dir. Gott hilft dem, der arbeitet.“

DOM HELDER CAMARA

11. OKTOBER

Das ist ja das Vergnügen der alten Tage,
dass man alles besser einsieht,
dass man sich einbild't, g'scheiter
zu sein, und dass man sich mit dem
Gedanken foppt: Wenn ich noch
einmal jung wäre, jetzt tät ich anders
handeln. –
Dieses Vergnügens beraubte man sich
offenbar, wenn man in der Jugend
schon gescheit und vernünftig wär'.

JOHANN NEPOMUK NESTROY

12. OKTOBER

Ansprüche sind eine Quelle des Leidens, und die Zeit des wirklichen Lebensglücks beginnt erst, wenn wir keine mehr stellen. Ist eine Frau noch hübsch, wenn ihre Schönheit zu welken beginnt? Ihre Ansprüche machen sie lächerlich oder unglücklich; zehn Jahre später, älter und hässlicher geworden, ist sie auch ruhig und heiter. In dem Alter, in dem man bei Frauen Erfolg hat oder nicht, setzt sich der Mann Unannehmlichkeiten und sogar Beleidigungen aus; scheidet er aus dem Spiel, gibt es keine Ungewissheit mehr, und er ist ruhig. Überhaupt kommt das Übel daher, dass unsre Ideen unbeständig, unbestimmt sind. Besser nicht viel sein, aber das Wenige, das man ist, unbestritten sein.

NICOLAS CHAMFORT

Lebenskunst:
zu 70 Prozent Verzicht auf Hast,
zu 20 Prozent Verzicht auf „Dinge,
die man unbedingt haben muss“,
und zu 10 Prozent Genuss
an offenkundig Überflüssigem.

CARY GRANT

14. OKTOBER

Mir ist mein ganzes Leben zumute,
als ginge mein Weg oft an der Hecke
des Paradieses vorbei.
Dann streift mich ein warmer Hauch,
dann mein' ich, Rosen zu sehn
und zu atmen,
ein süßer Ton rührt mich zu Tränen,
auf der Stirn liegt es mir wie eine
liebe friedegebende Hand –
sekundenlang.
So streife ich oft vorbei
an der Hecke des Paradieses …

CHRISTIAN MORGENSTERN

15. OKTOBER

Alle sind voller Unrast, getrieben,
ohne von der Stelle zu kommen,
und es geht eigentlich stets
um dasselbe:
Geld, Ansehen, Lust.
Wer kann sich davon lösen
und seine Seele befreien?

JAMES REDFORD

16. OKTOBER

Zu sagen, etwas sei unmöglich, weil es unmöglich scheint, heißt nichts anderes, als sich in der gefährlichen Gewohnheit üben, jedem neuen schöpferischen Gedanken ein „Unmöglich!“ entgegenzurufen. Dann kannst du deinen Geist einem vergitterten Gefängnis gleichstellen, in welchem du allein der Gefangene bist.

PRENTICE MULFORD

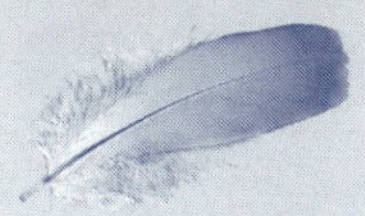

17. OKTOBER

Die Menschen sind wie die Flüsse: Das Wasser ist immer gleich und immer dasselbe, aber jeder Fluss ist bald schmal, bald schnell, bald breit, bald langsam, bald rein, bald kalt, bald trübe, bald warm. So sind auch die Menschen. Jeder Mensch trägt in sich die Keime aller menschlichen Eigenschaften und offenbart zuweilen die einen, zuweilen die anderen, und wird zuweilen sich selbst nicht ähnlich, während er doch stets derselbe und er selbst bleibt.

LEO N. TOLSTOI

18. OKTOBER

Ich lerne sehen.
Ich weiß nicht, woran es liegt,
es geht alles tiefer in mich ein
und bleibt nicht an der Stelle stehen,
wo es sonst immer zu Ende war.
Ich habe ein Inneres,
von dem ich nicht wußte.
Alles geht jetzt dorthin.
Ich weiß nicht, was dort geschieht.

RAINER MARIA RILKE

19. OKTOBER

Habe ich es schon gesagt? Ich lerne sehen. Ja, ich fange an. Es geht noch schlecht. Aber ich will meine Zeit ausnutzen. Daß es mir zum Beispiel niemals zum Bewußtsein gekommen ist, wie viel Gesichter es gibt. Es gibt eine Menge Menschen, aber noch viel mehr Gesichter, denn jeder hat mehrere. Da sind Leute, die tragen ein Gesicht jahrelang, natürlich nutzt es sich ab, es wird schmutzig, es bricht in den Falten, es weitet sich aus wie Handschuhe, die man auf der Reise getragen hat. Das sind sparsame, einfache Leute; sie wechseln es nicht, sie lassen es nicht einmal reinigen. Es sei gut genug, behaupten sie, und wer kann ihnen das Gegenteil nachweisen? Nun fragt es sich freilich, da sie mehrere Gesichter haben, was tun sie mit den andern? Sie heben sie auf. Ihre Kinder sollen sie tragen. Aber es kommt auch vor, daß ihre Hunde damit ausgehen. Weshalb auch nicht? Gesicht ist Gesicht.

RAINER MARIA RILKE

20. OKTOBER

Die Lösung des Problems des Lebens merkt man am Verschwinden dieses Problems.
Kann man aber so leben, dass das Leben aufhört, problematisch zu sein? Dass man im Ewigen lebt und nicht in der Zeit?
Ist nicht dies der Grund, warum Menschen, denen der Sinn des Lebens nach langen Zweifeln klar wurde, warum diese dann nicht sagen konnten, worin dieser Sinn bestand?
An einen Gott glauben heißt, die Frage nach dem Sinn des Lebens verstehen.
An einen Gott glauben heißt sehen, dass es mit den Tatsachen der Welt noch nicht abgetan ist.
An Gott glauben heißt sehen, dass das Leben einen Sinn hat.

LUDWIG WITTGENSTEIN

21. OKTOBER

Komm gleich nach dem
    Sonnenuntergange,
sieh das Abendgrün des Rasengrunds;
ist es nicht, als hätten wir es lange
angesammelt und erspart in uns,

um es jetzt aus Fühlen und Erinnern,
neuer Hoffnung, halbvergessnem Freun,
noch vermischt mit Dunkel aus dem
    Innern,
in Gedanken vor uns hinzustreun

unter Bäume wie von Dürer, die
das Gewicht von hundert Arbeitstagen
in den überfüllten Früchten tragen,
dienend, voll Geduld, versuchend, wie

das, was alle Maße übersteigt,
noch zu heben ist und hinzugeben,
wenn man willig, durch ein langes Leben
nur das Eine will und wächst und schweigt.

RAINER MARIA RILKE

22. OKTOBER

Man erzählt von dem Weisen Schaqiq von Balch, dass er einst zu seinen Schülern sprach: „Ich setzte mein Vertrauen auf Gott und brach auf in die Wildnis mit nicht mehr als einer kleinen Münze in der Tasche. Ich ging auf die Pilgerschaft und kam zurück, und seht, ich habe die Münze noch immer."
Einer der Schüler stand auf und sagte: „Wenn Ihr eine Münze in der Tasche hattet, wie könnt Ihr dann sagen, Ihr hättet Euch auf höhere Mächte verlassen?"
„Was soll ich da noch sagen", antwortete Schaqiq. „Dieser junge Mann hat völlig recht: Wenn man sich auf die unsichtbare Welt verlässt, dann ist da kein Platz für irgendwelche Rückversicherungen, auch nicht für die kleinsten."

FARIDUDDIN ATTAR

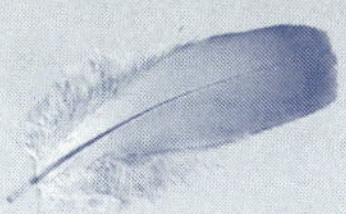

23. OKTOBER

Es kann die Ehre dieser Welt
Dir keine Ehre geben,
Was dich in Wahrheit hebt und hält,
Muss in dir selber leben.

Wenn's deinem Innersten gebricht
An echten Stolzes Stütze,
Ob dann die Welt dir Beifall spricht,
Ist all dir wenig nütze.

Das flücht'ge Lob, des Tages Ruhm
Magst du dem Eitlen gönnen;
Das aber sei dein Heiligtum:
Vor dir bestehen können.

THEODOR FONTANE

24. OKTOBER

Wenn wir nur in uns selber in Ordnung wären, dann würden wir viel mehr Freude an den Dingen dieser Erde haben. Aber wenn ein Übermaß von Wünschen und Begehrungen in uns ist, so hören wir nur diese immer an und vermögen nicht die Unschuld der Dinge außer uns zu fassen. Leider heißen wir sie wichtig, wenn sie Gegenstände unserer Leidenschaften sind, und unwichtig, wenn sie zu diesen in keinen Beziehungen stehen, während es doch oft umgekehrt sein kann.

ADALBERT STIFTER

25. OKTOBER

Es gibt vier Arten von Menschen in der Welt: Der eine erstrebt weder die eigene Vervollkommnung noch die Vervollkommnung anderer – er bekämpft Begehren, Hass und Unwissenheit weder bei sich noch bei anderen. Der zweite erstrebt nur die Vervollkommnung anderer, nicht aber die eigene – er gibt anderen gute Ratschläge, ohne diese selbst zu befolgen. Der dritte erstrebt nur die eigene Vervollkommnung, nicht die der anderen – er führt ein untadeliges Leben, belehrt andere aber nicht. Der vierte erstrebt die eigene Vervollkommnung und die Vervollkommnung anderer – er führt selbst ein untadeliges Leben und leitet andere dazu an.
Von diesen Menschen ist der dritte besser zu nennen als die ersten beiden; der vierte jedoch ist von allen der erhabenste.

GAUTAMA BUDDHA

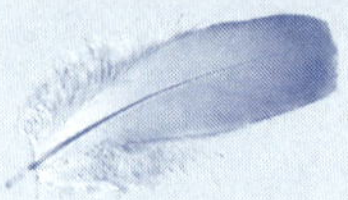

26. OKTOBER

Zu Beginn unseres Lebens betrachten wir die Wirklichkeit als Wunder, aber nicht mit dem intelligenten Staunen der Mystiker, sondern mit dem gestaltlosen Staunen des Kindes. Danach vergeht das Wunder und macht der Langeweile Platz, weil wir die Sprache entwickeln mit ihren Wörtern und Begriffen. Danach – hoffentlich – können wir, wenn wir Glück haben, wieder zum Wunder zurückkehren.

ANTHONY DE MELLO

27. OKTOBER

Ein Mann kam zu einem Arzt und sagte: „Doktor, ich habe wahnsinnige Kopfschmerzen, die ich nie loswerde. Könnten Sie mir nicht etwas dagegen geben?" – „Durchaus", sagte der Arzt, „aber zunächst möchte ich einige Dinge abklären. Sagen Sie, trinken Sie viel Alkohol?" – „Alkohol?", erwiderte der Mann empört. „Dieses widerliche Zeug rühre ich nicht an." – „Wie steht's mit dem Rauchen?" – „Ich finde Rauchen ekelhaft. Nie in meinem Leben habe ich Tabak auch nur angefasst." – [...] „Sagen Sie", fragte der Arzt, „ist dieses Kopfweh, von dem Sie sprechen, ein scharfer, stechender Schmerz?" – „Ja", sagte der Mann. „Das ist es – ein scharfer, stechender Schmerz." – „Ganz einfach, mein Lieber! Ihr Problem liegt darin, dass Ihr Heiligenschein zu stramm sitzt. Wir brauchen ihn nur etwas zu lockern."

ANTHONY DE MELLO

28. OKTOBER

Wenn die gesunde Natur des Menschen als ein Ganzes wirkt, wenn er sich in der Welt als in einem großen, schönen, würdigen und werten Ganzen fühlt, wenn das harmonische Behagen ihm ein reines, freies Entzücken gewährt – dann würde das Weltall, wenn es sich selbst empfinden könnte, als an sein Ziel gelangt aufjauchzen und den Gipfel des eigenen Werdens und Wesens bewundern. Denn wozu dient all der Aufwand von Sonnen und Planeten und Monden, von Sternen und Milchstraßen, von Kometen und Nebelflecken, von gewordenen und werdenden Welten, wenn sich nicht zuletzt ein glücklicher Mensch unbewusst seines Daseins erfreut?

JOHANN WOLFGANG VON GOETHE

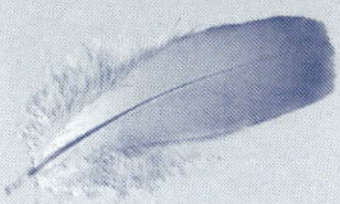

29. OKTOBER

Liebe Freundin, sagen Sie mir, sind wir da, die Höhe der Sonne zu ermessen oder uns an ihren Strahlen zu wärmen? Genießen! Genießen! Wo genießen wir? Mit dem Verstande oder mit dem Herzen? Ich will es nicht mehr binden und rädern, frei soll es die Flügel bewegen, ungezügelt um seine Sonne soll es fliegen, flöge es auch gefährlich wie die Mücke um das Licht ... Ich glaube, dass Newton an dem Busen eines Mädchens nichts anderes sah als seine krumme Linie und dass ihm an ihrem Herzen nichts merkwürdig war als sein Kubikinhalt. Bei den Küssen seiner Frau denkt ein echter Chemiker nichts, als dass ihr Atem Stickgas und Kohlenstoffgas ist. Wenn die Sonne glühend über den Horizont heraufsteigt, so fällt ihm weiter nichts ein, als dass sie eigentlich noch nicht da ist. (1)

30. OKTOBER

Der Chemiker sieht bloß das Insekt, nicht die Erde, die es trägt, und wenn der bunte Holzspecht an die Fichte klopft oder im Wipfel der Eiche die wilde Taube zärtlich girrt, so fällt ihm bloß ein, wie gut sie sich ausnehmen würden, wenn sie ausgestopft wären. Die ganze Erde ist dem Botaniker nur ein großes Herbarium, und an der wehmütigen Trauerbirke wie an dem Veilchen, das unter ihrem Schatten blüht, ist ihm nichts merkwürdig als ihr linnéischer Name. Dagegen ist die Gegend dem Mineralogen nur schön, wenn sie steinig ist, und wenn der alpinische Granit von ihm bis in die Wolken strebt, so tut es ihm nur leid, dass er ihn nicht in die Tasche stecken kann, um ihn in den Glasschrank neben die anderen Fossile zu setzen. O wie traurig ist diese zyklopische Einseitigkeit! (2)

HEINRICH VON KLEIST

31. OKTOBER

Es ist überaus selbstsüchtig, von seinem Nächsten zu verlangen, er solle so denken wie man selbst und er solle der gleichen Meinung sein wie man selbst. Warum sollte er? Wenn er denken kann, wird er wahrscheinlich anders denken. Wenn er nicht denken kann, ist es grausam, ihm irgendeine Art von Denken abzuverlangen. Eine rote Rose ist nicht selbstsüchtig, weil sie eine rote Rose sein will. Es wäre schrecklich selbstsüchtig von ihr, wenn sie wollte, dass alle Blumen im Garten sowohl rot als auch Rosen werden.

OSCAR WILDE

NOVEMBER

ZEIT
FÜR STILLE

1. NOVEMBER

Ein persischer Schah pflegte während der Nacht zu wachen und zu beten. Ein Freund, der ihn besuchte, wunderte sich über seine lange Meditation nach der Arbeit eines ganzen Tages. „Es ist zu viel", sagte er, „du brauchst nicht so lange zu meditieren." – „Sag das nicht", war die Antwort, „denn du verstehst es nicht. Nachts folge ich Gott, aber während des Tages folgt Gott mir." Die Zeiten der Meditation bringen den ganzen Organismus in gleichmäßigen Fluss, wie der Strom in den Ozean fließt. Sie halten den Meditierenden in keiner Weise von seinen Pflichten ab, sondern segnen jedes Wort, das er spricht.

HAZRAT INAYAT KHAN

2. NOVEMBER

Ein in der Meditation erfahrener Mann wurde einmal gefragt, warum er trotz seiner vielen Beschäftigungen immer so gesammelt sein könne. Dieser sagte: „Wenn ich stehe, dann stehe ich, wenn ich gehe, dann gehe ich, wenn ich sitze, dann sitze ich, wenn ich esse, dann esse ich, wenn ich spreche, dann spreche ich …“ Da fielen ihm die Fragesteller ins Wort und sagten: „Das tun wir auch, aber was machst du noch darüber hinaus?“ Er sagte wiederum: „Wenn ich stehe, dann stehe ich, wenn ich gehe, dann gehe ich, wenn ich sitze, dann sitze ich, wenn ich esse, dann esse ich, wenn ich spreche, dann spreche ich …“ Wieder sagten die Leute: „Das tun wir auch.“ Er aber sagte zu ihnen: „Nein. Wenn ihr sitzt, dann steht ihr schon, wenn ihr steht, dann lauft ihr schon, wenn ihr lauft, dann seid ihr schon am Ziel …“

BUDDHISTISCHE WEISHEIT

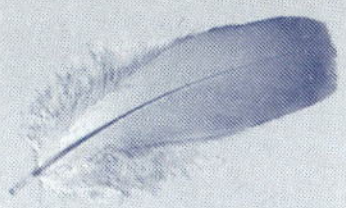

3. NOVEMBER

Zu einem Einsiedler kamen eines Tages Menschen, die ihn fragten: „Welchen Sinn siehst du in deinem Leben der Stille?“
Er war gerade mit dem Schöpfen von Wasser beschäftigt, aus einer tiefen Zisterne. Er überlegte.
Er sprach: „Schaut in die Zisterne.
Was seht ihr?“
Die Besucher blickten in die tiefe Zisterne.
„Wir sehen nichts.“ Nach einer Weile forderte der Einsiedler die Leute wieder auf:
„Schaut in die Zisterne.
Was seht ihr?“
Sie blickten hinunter und sagten: „Jetzt sehen wir uns selbst!“
Der Einsiedler sprach: „Als ich vorhin Wasser schöpfte, war das Wasser unruhig, und ihr konntet nichts sehen. Jetzt ist das Wasser ruhig, und man sieht sich selber. Das ist die Erfahrung der Stille.“

BUDDHISTISCHE PARABEL

4. NOVEMBER

Der heutige Mensch scheut das Schweigen ganz besonders. Es fällt ihm schwer, für sich allein innezuhalten. Immer drängt es ihn, in Bewegung zu sein, etwas zu unternehmen und etwas zu sagen. Und so ist denn sein Handeln meistens nicht frei, schöpferisch und dynamisch, wie er gern annimmt; es ist zwanghaft. Wenn man lernt, innezuhalten und zu schweigen, wird man frei, zu handeln oder nicht zu handeln, zu reden oder nicht zu reden, und menschliches Reden und Handeln erlangen dann neue Tiefe und neue Kraft.
Der heutige Mensch kann nicht mehr tief in sich gehen. Sobald er es versucht, wird er aus seinem Herzen gleichsam herausgeschwemmt, so wie die See eine Leiche ans Ufer spült. (1)

5. NOVEMBER

Der Mensch kann nur glücklich werden, wenn er zu den Quellen des Lebens in den Tiefen seiner Seele gelangt; doch wird er dauernd aus seinem Zuhause verbannt und aus der stillen Klause seines wahren Lebens ausgeschlossen. Somit hört er auf, Person zu sein.
Der Dichter Khalil Gibran sagt:
„Man redet, wenn man nicht mehr mit sich selbst in Frieden lebt. Und wenn man nicht mehr in den Tiefen seines Herzens wohnen kann, lebt man auf seinen Lippen. Dann wird Getön zum Vergnügen und zum Zeitvertreib." (2)

ANTHONY DE MELLO

6. NOVEMBER

Ich [die Natur] ließ euch alle schwach und unwissend geboren werden, damit ihr einige Minuten auf dieser Erde lebt und sie mit euren Leichnamen düngt. Da ihr schwach seid, helft euch; da ihr unwissend seid, klärt euch auf und habt Nachsicht untereinander. Ihr solltet, wenn es auch nur einen einzigen Menschen mit einer anderen Ansicht gibt, sie ihm zugute halten, denn ich bin es, der ihn so denken lässt, wie er denkt. Ich habe euch Arme gegeben, um das Land zu bebauen, und einen kleinen Schimmer Vernunft, um euren Weg zu finden; in eure Herzen habe ich einen Keim von Mitleid gesetzt, damit ihr einander helft, das Leben zu ertragen. Erstickt diesen Keim nicht, verderbt ihn nicht, wisst, dass er göttlich ist, und ersetzt nicht die Stimme der Natur durch den Eifer der Schule.

VOLTAIRE

7. NOVEMBER

Wo bist Du ganz Du selber,
Ohne Schminke, ohne Maske?
Wo ist der Raum, der Dein Atem ist,
Offen für Deine Entfaltung?
Wo ist der Humus Deiner Wurzeln,
Wo die Quelle Deiner Lebendigkeit,
Wo das tragende Fundament,
Wo der Ursprung Deiner Träume?
Ich kann Dir nicht antworten.
Du musst es selbst ertasten, erspüren,
Erwandern, erfahren.
Komm, wir gehen miteinander
ganz hinunter
Zu Deinen und meinen Wurzeln.
Komm, wir suchen miteinander
den festen Grund,
Wo Dein und mein Fundament liegt.
Komm, wir schwimmen gemeinsam
gegen den Strom,
Um unser aller Quell' zu finden.

JOSEF GÄHWILER

8. NOVEMBER

Was war es, das in der Bedrängnis Freude und Friede gab? Was war es, das in der Einsamkeit zu uns kam? Nichts anderes als die Tiefe des eigenen Lebens, die still ist wie die Tiefe des großen Meeres, so still, so ruhig. Es ist die Oberfläche des Meeres, die Wellen wirft und dröhnend brandet; die Tiefe ist ruhig, ist still. So ist auch die Tiefe unseres eigenen Wesens still.

HAZRAT INAYAT KHAN

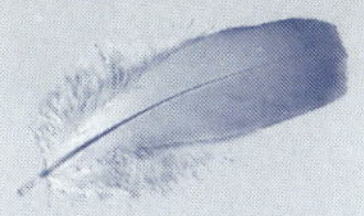

9. NOVEMBER

Man muss in die Tiefe steigen, um den Garten der Kindheit wiederzufinden. Was die Erde trug, ist nicht mehr auf ihr, sondern unter ihr ... man muss Ausgrabungen machen ... dass wir plötzlich eine neue Luft einatmen, gerade deshalb, weil es eine Luft ist, die wir schon früher eingeatmet haben, jene reinere Luft, von der die Dichter vergebens behaupten, sie herrsche im Paradies, wo sie aber uns dieses tiefe Gefühl von Erneuerung auch nur dann geben könnte, wenn sie schon einmal eingeatmet wäre, denn die wahren Paradiese sind Paradiese, die man verloren hat.

MARCEL PROUST

10. NOVEMBER

Wir sind große Toren: Er hat sein Leben müßig verbracht, sagen wir; ich habe heute nichts getan. – Wie? Hast du nicht gelebt? Das ist nicht nur die wichtigste, sondern auch die rühmlichste deiner Beschäftigungen. – Hätte man mich an das Steuer der großen Geschäfte gestellt, so hätte ich gezeigt, wessen ich fähig gewesen wäre. – Hast du dein Leben zu bedenken und zu führen gewusst? So hast du das größte aller Werke vollbracht. Um sich zu zeigen und zu vollenden, bedarf die Natur des Glückes nicht: Sie zeigt sich gleicherweise in allen Ständen und hinter dem Vorhang wie ohne Vorhang. Unser großes und herrliches Meisterwerk ist: richtig leben.

MICHEL DE MONTAIGNE

11. NOVEMBER

Von einem chassidischen Rabbi ging die Sage, dass er jeden Morgen vor dem Frühgebet zum Himmel aufsteige. Ein Gegner des Chassidismus lachte darüber und legte sich vor Morgengrauen auf die Lauer. Da sah er: Der Rabbi verließ, als Holzknecht verkleidet, sein Haus und ging zum Wald. Der Mann folgte von weitem. Er sah den Rabbi Holz fällen und in Stücke hacken. Dann lud der Rabbi sich das Holz auf den Rücken und schleppte es in das Haus einer armen kranken, alten Frau. Der Mann spähte durchs Fenster und sah den Rabbi auf dem Boden knien und den Ofen anzünden.
Als die Leute später den Mann fragten, was es denn nun auf sich habe mit der täglichen Himmelfahrt des Rabbi, sagte er: „Er steigt noch höher als bis zum Himmel."

CHASSIDISCHE ERZÄHLUNG

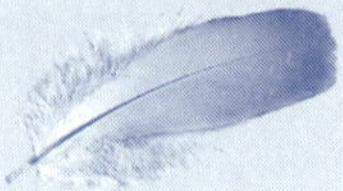

12. NOVEMBER

Zuweilen stieg ich allein in einen Kahn und stieß mich bis auf die Mitte des Rheins.
Dann legte ich mich auf den Boden und vergaß, sanft vom Strome hinabgeführt, die ganze Erde und sah nichts als den Himmel.

HEINRICH VON KLEIST

13. NOVEMBER

Was genoss ich denn endlich,
als ich allein war?
Mich selbst,
die eigene Welt,
alles, was ist,
alles, was sein kann,
alles, was die sinnliche Welt
Schönes und die Gedankenwelt
Sichtbares in sich fasst.

JEAN-JACQUES ROUSSEAU

14. NOVEMBER

Im Grunde und gerade in den tiefsten und wichtigsten Dingen sind wir namenlos allein, und damit einer dem andern raten oder gar helfen kann, muss viel geschehen, muss viel gelingen, eine ganze Konstellation von Dingen muss eintreffen, damit es einmal glückt. Ich habe mich oft gefragt, ob nicht gerade die Tage, die wir gezwungen sind, müßig zu sein, diejenigen sind, die wir in tiefster Tätigkeit verbringen? Ob nicht unser Handeln selbst, wenn es später kommt, nur der letzte Nachklang einer großen Bewegung ist, die in untätigen Tagen in uns geschieht? Jedenfalls ist es sehr wichtig, mit Vertrauen müßig zu sein, mit Hingabe, womöglich mit Freude.

RAINER MARIA RILKE

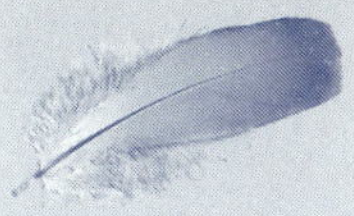

15. NOVEMBER

Mäßigkeit bedeutet rechten Gebrauch an Kraft, Unmäßigkeit aber das Gegenteil. Die verderblichste Unmäßigkeit von heute ist die der Hast und Ungeduld oder der Wunsch und der Versuch, vielerlei Dinge auf einmal zu tun. Könntest du dich an einem solchen Tage hellseherisch wie in einem Spiegel erblicken, so würdest du sehen, wie unkörperliche Drähte von dir zu eiligen oder gehetzten Menschen überfließen und von ihnen wieder zurück zu dir. Bedenke, dass ruhevolle Arbeit Erholung und körperlicher Aufbau für dich sein kann.

PRENTICE MULFORD

16. NOVEMBER

Wer in Gemütsruhe leben will, muss sich von Vielgeschäftigkeit fernhalten sowohl im privaten wie im öffentlichen Leben, und die Aufgaben, die er sich stellt, dürfen seine natürliche Kraft und Begabung nicht übersteigen; vielmehr muss er so sehr auf sich Acht geben, dass, auch wenn das Glück ihn begünstigt und scheinbar aufwärts führt, er sich nicht darum kümmere und nicht etwas angreife, das über seine Kraft geht.

THILO BLOCHER

17. NOVEMBER

Daß ich es nicht lassen kann, bei offenem Fenster zu schlafen. Elektrische Bahnen rasen läutend durch meine Stube. Automobile gehen über mich hin. Eine Tür fällt zu. Irgendwo klirrt eine Scheibe herunter, ich höre ihre großen Scherben lachen, die kleinen Splitter kichern. Dann plötzlich dumpfer, eingeschlossener Lärm von der anderen Seite, innen im Hause. Jemand steigt die Treppe. Kommt, kommt unaufhörlich. Ist da, ist lange da, geht vorbei. Und wieder die Straße. Ein Mädchen kreischt: Ah tais-toi, je ne veux plus. Die Elektrische rennt ganz erregt heran, darüber fort, fort über alles. Jemand ruft. Leute laufen, überholen sich. Ein Hund bellt. Was für eine Erleichterung: ein Hund. Gegen Morgen kräht sogar ein Hahn, und das ist Wohltun ohne Grenzen. Dann schlafe ich plötzlich ein.

RAINER MARIA RILKE

18. NOVEMBER

Es ist nicht die Arbeit, die die Leute umbringt: Es ist nur ihre Art zu arbeiten! Ruhevolle Arbeit kann Erholung und körperlicher Aufbau sein. Doch die Wissenschaft der Ruhe reicht vom Biegen des Fingers bis zur Gewohnheit an eine Ordnung, die den rechten Platz für die Stecknadel und den Bleistift nicht außer Acht lässt. Der Himmel wird aus dem Tag der kleinen Dinge geboren.

PRENTICE MULFORD

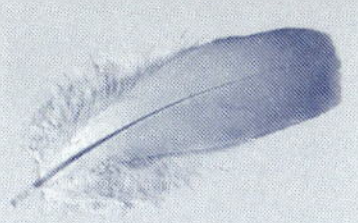

19. NOVEMBER

Wenn ich Schauspieler wäre, würde ich mir für mein Studierzimmer zunächst einen riesigen Spiegel anschaffen. Vor dem würde ich täglich mindestens zwei Stunden verbringen und meinem Körper eine Geschmeidigkeit anzüchten, die mir später gestattete, auch die leiseste Gemütsbewegung in unwillkürliche Sicherheit umzusetzen. Ich würde mich dabei nicht in malerische oder zeichnerische Ideen verlieren, o nein, ich würde die Seele ganz allein Herr sein lassen und ihr, ihr allein, meine Glieder dienstbar machen. Unmittelbare Übertragung dessen, was mich bewegt, wäre mein Ziel. [...] Ich würde keinen andern Stil als den wahren Ausdruck meines Innenlebens haben wollen, aber freilich die Art meines Innenlebens wäre der Stil, den ich will.

CHRISTIAN MORGENSTERN

20. NOVEMBER

Zeit haben für sich,
um Gedanken und Dingen
auf den Grund gehen zu können,
um Höhe und Tiefen zu sehen
und trotzdem mit offenen Augen
zu träumen
von Erlebtem oder Gewünschtem,
um wegzufliegen für Sekunden
oder Stunden,
um Liebe und Zärtlichkeit
zu verschenken
für ein Lächeln oder mehr und
um daraus die Kraft zu schöpfen,
die man für den Alltag braucht.

CLAUDIA GROEGER

21. NOVEMBER

Wenn die Lippen geschlossen sind, beginnt das Herz zu sprechen; wenn das Herz schweigt, entzündet sich die Seele, wird zur Flamme und erleuchtet das ganze Leben. Dieser Gedanke zeigt die große Bedeutung der Stille, und diese Stille wird in der Ruhe erlangt. Die meisten Menschen wissen nicht, was Ruhe bedeutet, weil sie nur ein Verlangen danach haben, wenn sie müde sind, während sie sonst nicht die Notwendigkeit der Ruhe erkennen.

HAZRAT INAYAT KHAN

22. NOVEMBER

Je länger man lebt, desto klarer erkennt man, dass in allem Geschaffenen der Geist seines Schöpfers lebt, und dieser Geist ist es, der anmutet oder widerstrebt, der tötet oder lebendig macht. Was in sich krank oder hohl ist, das degoutiert zuletzt, wie vollkommen auch das Kleid sein mag, in dem es einherstolziert; was aber umgekehrt aus einem gesunden Keime spross, das bewahrt allen zufälligen Störungen, allem im einzelnen Misslungenen zum Trotz eine gesunde Innerlichkeit. Über die Höcker hinweg oder durch sie hindurch erkennt der Schärferblickende jenes Endgültige, das zum Guten oder Schlechten scheidet. Und dies Endgültige ist die Gesinnung, die aus einem Kunstwerk ebenso deutlich wie aus dem Leben spricht.

THEODOR FONTANE

23. NOVEMBER

Der heutige Mensch scheut das Schweigen ganz besonders. Es fällt ihm schwer, für sich allein innezuhalten. Immer drängt es ihn, in Bewegung zu sein, etwas zu unternehmen und etwas zu sagen. Und so ist denn sein Handeln meistens nicht frei, schöpferisch und dynamisch, wie er gern annimmt; es ist zwanghaft. Wenn man lernt, innezuhalten und zu schweigen, wird man *frei,* zu handeln oder nicht zu handeln, zu reden oder nicht zu reden, und menschliches Reden und Handeln erlangen dann neue Tiefe und neue Kraft.

ANTHONY DE MELLO

24. NOVEMBER

Wenn du mal fünf Minuten Zeit hast, weißt du, was du dann tun musst? Mal nachdenken! Mal für Ruhe sorgen um dich herum. Radio abstellen, Fernseher ausmachen, Zeitung weglegen. Mach dich frei von den Zwängen der Erlebnisgesellschaft, die dich um Freiheit und Geist bringt. Ruhe schaffen, still werden, das Innen mit Schweigen füllen, den Puls des eigenen Herzens fühlen.

PHIL BOSMANS

25. NOVEMBER

„Das Glück ist ein Schmetterling", sagte der Meister. „Jag ihm nach, und er entwischt dir. Setz dich hin, und er lässt sich auf deiner Schulter nieder."
„Was soll ich also tun, um das Glück zu erlangen?"
„Hör auf, hinter ihm her zu sein."
„Aber gibt es nichts, was ich tun kann?"
„Du könntest versuchen, dich ruhig hinzuzusetzen, wenn du es wagst."

ANTHONY DE MELLO

26. NOVEMBER

Wenn nachts die Lichter ausgehen
und der Lärm der Welt verstummt,
dann sehen wir die Sterne,
dann hören wir wieder die Stille.
Es gibt Sterne in der Nacht,
die wir noch nie gesehen haben.
Wenn es noch dunkler wird,
dann fangen sie an zu leuchten.
Hoffnung ist da, ein Ausweg,
denn du siehst weiter.
Du schaust wieder nach oben.
Wenn die Krise alles verfinstert hat,
werden Kinder des Lichts Sterne
anzünden.

PHIL BOSMANS

27. NOVEMBER

Weisheit kommt durch Liebe, Schweigen und Sterbenlassen herein. Große Weisheit ist es, zu schweigen, zu verstehen und weder auf Reden noch auf Tun, noch auf fremde Lebensweisen zu achten.
Alles für mich und nichts für dich.
Alles für dich und nichts für mich.
Fünffachen Schaden richtet jegliche Art von Streben im Menschen an: Erstens beunruhigt sie ihn, zweitens verwirrt sie ihn, drittens beschmutzt sie ihn, viertens schwächt sie ihn, und fünftens verdunkelt sie ihn.

JUAN DE LA CRUZ

28. NOVEMBER

Wer einst an den Brüsten des Glücks den goldnen Traum des Lebens träumte, der streckt zwar, wenn ihn das Schicksal mit rauer Stimme weckt, wehmütig die Arme aus nach den göttlichen Gestalten, die nun auf immer entfliehen, und sein Schmerz ist umso größer, je größer das Glück war, das er genoss; aber ihm ist doch aus dem Füllhorn des Segens, das von oben herab sich öffnet, auch ein Blümchen zugefallen, das ihn selbst in der Erinnerung noch erfreuen kann, wenn es gleich längst verblüht ist. Ihm sind doch die Ansprüche, die er an dies Leben zu machen hatte, nicht ganz unerfüllt geblieben, nicht mit allen seinen Forderungen ist er von der großen Erbschaft abgewiesen worden, welche der Himmel den Kindern der Erde vermacht hat. (1)

29. NOVEMBER

Nicht murren wird er mit dem Vater der Menschen, der ihn von seiner Liebe nicht ausschloss, nicht mit bitterem Groll seine Geschwister beneiden, die mit ihm nur zu gleichen Teilen gingen, nicht zürnen auf den Genuss seines Glücks, weil er nicht ewig währte, so wie man dem Frühling nicht zürnt, weil er kurz ist, und den Tag nicht verwünscht, weil ihn die Nacht ablöst. Mutiger und sichrer, als wenn er nie auf hellen Pfaden gewandelt wäre, wird er nun auch die dunkeln Wege seines Lebens durchwandeln und in der Erinnerung zuweilen mit wehmütiger Freude die bemoosten Ruinen seines ehemaligen Glückes besuchen, um das Herbstblümchen der Weisheit zu pflücken. (2)

HEINRICH VON KLEIST

30. NOVEMBER

Edle und erhabene Begeisterung kümmert sich um die Leiden der anderen und um das Bedürfnis, sie zu lindern. Sie verbirgt uns die Schwächen unserer Mitmenschen oder verhindert, diese Schwächen zu fühlen, macht uns aber unerbittlich gegenüber Verbrechen. Sie entreißt dem Schurken die Waffe, die dem guten Menschen zum Verhängnis werden könnte. Sie macht uns zu besseren Freunden, besseren Gatten, besseren Staatsbürgern.
Es macht ihr Freude, die Wohltätigkeit auf alle Wesen auszudehnen, die die Natur neben uns gestellt hat.
Ich habe diese Tugend, eine Quelle so vieler anderer Tugenden, zwar in vielen Köpfen bemerkt, aber nur in wenigen Herzen.

DENIS DIDEROT

DEZEMBER

ZEIT
FÜR MENSCHLICHKEIT

1. DEZEMBER

Da erzählen sich die Leute immer so viel von Organisation (sprich vor lauter Eile: „Orrnisation"). Ich finde es gar nicht so wunderherrlich mit der Orrnisation.
Mir erscheint vielmehr für dieses Gemache bezeichnend, dass die meisten Menschen stets zweierlei Dinge zu gleicher Zeit tun. Wenn einer mit einem spricht, unterschreibt er dabei Briefe. Wenn er Briefe unterschreibt, telefoniert er. Während er telefoniert, dirigiert er mit dem linken Fuß einen Sprit-Konzern (anders sind diese Direktiven auch nicht zu erklären).
Jeder hat vierundfünfzig Ämter.
„Sie glauben nicht, was ich alles zu tun habe!"– Ich glaubs auch nicht.
Weil das, was sie da formell verrichten, kein Mensch wirklich tun kann. (1)

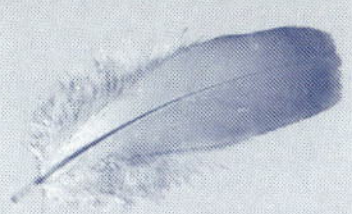

2. DEZEMBER

Es ist alles Fassade und dummes Zeug und eine Art Lebensspiel, so wie Kinder Kaufmannsladen spielen. Sie baden in den Formen der Technik, es macht ihnen einen Heidenspaß, das alles zu sagen; zu bedeuten hat es wenig. Sie lassen das Wort „betriebstechnisch“ auf der Zunge zergehen, wie ihre Großeltern das Wort „Nachtigall“. Die paar vernünftigen Leute, die in Ruhe eine Sache nach der anderen erledigen, immer nur eine zur gleichen Zeit, haben viel Erfolg. Wie ich gelesen habe, wird das vor allem in Amerika so gemacht. Bei uns haben sie einen neuen Typus erfunden: den zappelnden Nichtstuer. (2)

KURT TUCHOLSKY

3. DEZEMBER

Leonce: … Wir lassen alle Uhren zerschlagen, alle Kalender verbieten und zählen Stunden und Monde nur nach der Blumenuhr, nur nach Blüte und Frucht. Und dann umstellen wir das Ländchen mit Brennspiegeln, dass es keinen Winter mehr gibt und wir uns im Sommer bis Ischia und Capri hinaufdestillieren, und das ganze Jahr zwischen Rosen und Veilchen, zwischen Orangen und Lorbeer stecken.
Valerio: Und ich werde Staatsminister, und es wird ein Dekret erlassen, dass, wer sich Schwielen in die Hände schafft, unter Kuratel gestellt wird; dass, wer sich krank arbeitet, kriminalistisch strafbar ist; dass jeder, der sich rühmt, sein Brot im Schweiße seines Angesichts zu essen, für verrückt und der menschlichen Gesellschaft gefährlich erklärt wird.

GEORG BÜCHNER

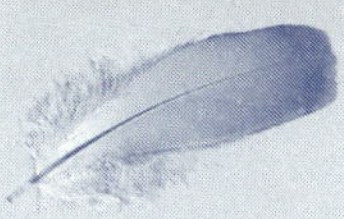

4. DEZEMBER

Optik! Optik! Wenn ihr euren ganzen „heutigen" Geist nur einmal von oben sehn könntet. Eure Wissenschaft, eure Kunst, euer tägliches Leben! Nicht um dies alles gering zu schätzen, o nein, nichts weniger als gering, sondern um es richtig schätzen zu lernen.
Eine Menschheit, die zu sich selbst und ihrem Treiben noch keine wirkliche Distanz gewonnen hat, ist unreif, so erwachsen sie sich sonst auch gebärden mag.

CHRISTIAN MORGENSTERN

5. DEZEMBER

Der Meister sprach: „Nicht wahr, Schen, meine ganze Lehre ist in Einem befasst."
Meister Dsong sprach: „Ja."
Als der Meister hinaus war, fragten seine Schüler und sprachen: „Was bedeutet das?"
Meister Dsong sprach: „Unsres Meisters Lehre ist Treue gegen sich selbst und Gütigkeit gegen andre: Darin ist alles gefasst."

KUNGFUTSE

6. DEZEMBER

Die Menschen begannen, die kleinsten der kleinen Worte zu sagen: „Ich“ und „Du“ und „Wir“. Diese Kleinsten der Kleinen wurden in den entkrampften und aufgetauten Herzen geboren, Hirne bereiteten die Brücken, und Zungen sprachen sie aus. Auf einmal schlugen die Herzen einen anderen Takt. Sie schlugen höher bei den Worten: „Du, ich hab dich lieb“. Da konnte ein Mann zu seiner Frau sagen: „Danke, das hast du gut gemacht.“ Und der Starke fragte den Schwachen: „Kann ich dir helfen?“ Und Menschen, die seit Jahren schon nebeneinander lebten, erzählten sich mit kleinen Worten, wie sie sich fühlten, und fragten einander: „Wie geht es dir?“ Und Freude schrieb sich in die Gesichter der Menschen. Plötzlich sahen sie einen Sinn, wo Sinnlosigkeit den Gang der Dinge bestimmt hatte.

ROLAND SCHÖNFELDER

7. DEZEMBER

Freundschaft kritisiert nicht in der Stunde des Leidens, sagt nicht nüchtern verständig, „wenn du es so oder so gemacht hättest“, sondern öffnet einfach die Arme und spricht: „Ich frage nicht, ich urteile nicht, hier ist mein Herz, daran ruh aus.“ Wenn man immer im voraus wüsste, wie man handeln müsste, dann gäbe es ja keinen Irrtum. Die Freundschaft rät und warnt vorher; nachher liebt sie. Das nur ist die echte, die falsche macht es umgekehrt.

MALVIDA VON MEYSENBURG

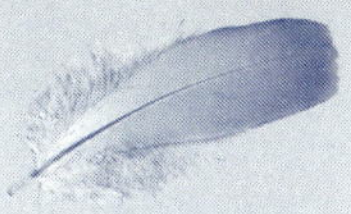

8. DEZEMBER

Das ist im Grunde der einzige Mut, den man von uns verlangt: mutig zu sein zu dem Seltsamsten, Wunderlichsten und Unaufklärbarsten, das uns begegnen kann. Daß die Menschen in diesem Sinne feige waren, hat dem Leben unendlichen Schaden getan; die Erlebnisse, die man „Erscheinungen" nennt, die ganze sogenannte „Geisterwelt", der Tod, alle diese uns so anverwandten Dinge sind durch die tägliche Abwehr aus dem Leben so sehr hinausgedrängt worden, daß die Sinne, mit denen wir sie fassen könnten, verkümmert sind. Von Gott gar nicht zu reden. Aber die Angst vor dem Unaufklärbaren hat [...] auch die Beziehungen von Mensch zu Mensch beschränkt, herausgehoben gleichsam aus dem Flußbett unendlicher Möglichkeiten.

RAINER MARIA RILKE

9. DEZEMBER

Freunde haben: Es ist ein zweites Dasein. Jeder Freund ist gut und weise für den Freund, und unter ihnen geht alles gut ab. Ein jeder gilt soviel, als die andern wollen; damit sie aber wollen, muss man ihr Herz und dadurch ihre Zunge gewinnen. Kein Zauber ist mächtiger als erzeigte Gefälligkeit, und um Freunde zu erwerben, ist das beste Mittel, sich welche zu machen. Das Meiste und Beste, was wir haben, hängt von andern ab. Wir müssen entweder unter Freunden oder unter Feinden leben. Jeden Tag suche man einen zu erwerben, nicht gleich zum genauen, aber doch zum wohlwollenden Freunde; einige werden nachher, nachdem sie eine prüfende Wahl bestanden haben, als Vertraute zurückbleiben.

BALTASAR GRACIÁN

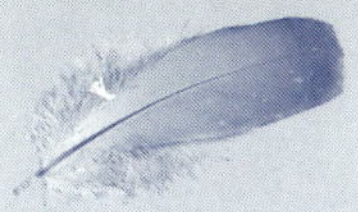

10. DEZEMBER

Meister Kung sprach: „Es gibt dreierlei Freunde, die von Nutzen sind, und dreierlei Freunde, die vom Übel sind. Freundschaft mit Aufrichtigen, Freundschaft mit Beständigen, Freundschaft mit Erfahrenen ist von Nutzen. Freundschaft mit Speichelleckern, Freundschaft mit Duckmäusern, Freundschaft mit Schwätzern ist vom Übel."

KUNGFUTSE

11. DEZEMBER

Was ich Gutes haben mag, ist durch einige wenige vortreffliche Menschen in mich gepflanzt worden.
Ein günstiges Schicksal führte mir dieselben in den entscheidenden Perioden meines Lebens entgegen.
Meine Bekanntschaften sind auch die Geschichte meines Lebens.

FRIEDRICH SCHILLER

12. DEZEMBER

In den Kämpfen des öffentlichen Lebens darf man nie das allgemeine Wohl preisgeben; bei persönlichen Zwistigkeiten aber soll man mit denen, die anderer Meinung sind, ohne Groll und menschenfreundlich verkehren.

JAMES REDFORD

13. DEZEMBER

Ich habe wieder so recht gefühlt, dass der Mensch nur in der Entfernung von den Menschen den rechten Blick für die Menschen und ihr Erdenleben hat; dass er nur in der Entfernung von ihnen die Größe, die Tugend, die Herrlichkeit der Menschheit im Ganzen erkennt, während er, wenn ihn das Getriebe des Tages selbst in seinen Wirbeln dreht, nur die Schwäche, die Torheit und das Elend des einzelnen erblickt.

WILHELM RAABE

14. DEZEMBER

Ihr macht mir aus meiner gleichmäßigen Höflichkeit gegen alle einen Vorwurf. Aber, was wollt ihr! Es gibt gewiß nicht gar so viele, denen es leicht fällt, die Menschen zu lieben. Nun, mir fällt es zuweilen leicht: Warum sollte ich da gewaltsam unfreundlich zu ihnen sein? Ich finde an jedem etwas, was mir Sympathie oder doch Interesse abnötigt; und würde nicht mein Gefühl von Einssein mit allem eine Lüge sein, wenn ich irgendeinem Mitmenschen gegenüber völlig kalt bleiben könnte?

CHRISTIAN MORGENSTERN

15. DEZEMBER

Wer den Einzelnen als einen Wanderer betrachtet, der immer wiederkehrt, wird aufhören, ihm entgegenzuarbeiten. Er sieht sich Schulter an Schulter mit ihm gehn und erkennt die Sinnlosigkeit jeglicher Feindschaft zwischen ihm und sich. Mag der andre noch sein Feind sein wollen, er selber empfindet ihn nicht mehr als Feind; für ihn fällt er, wenn er sich und ihn sub specie aeterni [unter dem Aspekt des Ewigen] anschaut, mit ihm selber beinahe zusammen. Mag der andre ihn noch so hassen, ja verachten, er wird nichts begehren, als ihm zu helfen, zu nützen, zu dienen. Er weiß, wie alles zusammenhängt.

CHRISTIAN MORGENSTERN

16. DEZEMBER

Wenn man mit anderen lebt und durch ein Gefühl von Zuneigung mit ihnen verbunden ist, dann ist man sich dessen bewusst, dass man eine Daseinsberechtigung hat, dass man nicht ganz und gar wertlos und überflüssig sein kann, sondern vielleicht für das eine oder andere taugt, weil man einander nötig hat und als Reisegefährten dieselbe Reise macht. Also, das Gefühl eines geziemenden Eigenwertes ist sehr abhängig von den Beziehungen zu anderen.

VINCENT VAN GOGH

17. DEZEMBER

Verdirb es nicht mit den Menschen. Wir müssen innerlich ein wenig an uns arbeiten und suchen, milder in unserem Urteil, anspruchsloser in unsern Forderungen zu werden. Wir müssen anfangen, die Leute zu nehmen, wie sie sind, und zur Erleichterung dieser Arbeit immer eingedenk sein, dass es in Nord und Süd, West und Ost immer wieder die alte Geschichte ist, und dass wir selber die Fehler teilen, die wir an andern rügen und verdammen. Natürlich mein' ich mit dem Vorstehenden nicht, dass wir anfangen sollen, zu jedem Lumpenhund oder unerträglichen Gesellen „Herr Bruder" zu sagen, aber bemüht wollen wir sein, in dem Kreise derer, die teils nach Wahl, teils aus Zufall unsern Umgang bilden, unsre Tadelsucht und unsre Zunge so viel wie möglich im Zaume zu halten.

THEODOR FONTANE

18. DEZEMBER

Vielleicht sind die Geschlechter verwandter, als man meint, und die große Erneuerung der Welt wird vielleicht darin bestehen, dass Mann und Mädchen sich, befreit von allen Irrgefühlen und Unlüsten, nicht als Gegensätze suchen werden, sondern als Geschwister und Nachbarn und sich zusammentun werden als Menschen, um einfach, ernst und geduldig das schwere Geschlecht, das ihnen auferlegt ist, gemeinsam zu tragen.

RAINER MARIA RILKE

19. DEZEMBER

Wer drei Eigenschaften besitzt,
mit dem soll man Umgang pflegen.
Welche Eigenschaften sind es?
Der besitzt sie, der gibt,
was es schwer fällt zu geben,
der tut, was es schwer fällt zu tun,
der erträgt, was es schwer fällt
zu ertragen.
Mit einem Freund, der diese drei
Eigenschaften besitzt, soll man
Umgang pflegen.

GAUTAMA BUDDHA

20. DEZEMBER

Was immer du anderen tust, denke zuerst ruhig darüber nach, ob du es ertragen könntest, wenn man dir Gleiches täte.
Was immer du anderen aufträgst, denke erst ruhig darüber nach, ob du den Auftrag erfüllen könntest, wenn man dir Gleiches auftrüge.
Erst wenn ich mich in Beziehung zu anderen Menschen setze, wird klar, was vernünftig ist.

DAI DSCHEN

21. DEZEMBER

Manchmal kann das Leben zu den Menschen grauenhaft sein. Arthur Miller schreibt in einem seiner Theaterstücke: „Ich träumte, mein Leben war ein Kind von mir, ein mongoloides Kind. Ich lief weg. Aber es kroch immer wieder auf meinen Schoß. Es zog an meinen Kleidern. Bis ich dachte: „Wenn ich es küssen kann, kann ich vielleicht schlafen." Und ich beugte meinen Kopf über das entstellte Gesicht – es war grauenhaft ... aber ich küsste es.

PHIL BOSMANS

22. DEZEMBER

Leben
heißt, dankbar sein
für das Licht und die Liebe,
für die Wärme und Zärtlichkeit,
die in Menschen und Dingen
so einfach gegeben sind.

Leben
heißt, alles ansehen als Gottes Gabe,
alles seine Gabe sein lassen,
nichts und niemand besitzen
und jauchzen über jeden Stern,
der vom Himmel fällt.

PHIL BOSMANS

23. DEZEMBER

Reichtum des Herzens: ein Lächeln, ein warmer Händedruck, eine freundliche Geste, ein fröhliches Wort. Das Einfachste wird zum Geschenk. Wer den Sinn für diesen Reichtum verliert, sucht Ersatz bei toten Dingen. Bei der Jagd nach immer mehr wird es um ihn immer einsamer. Zuletzt ist er ganz allein auf der unfruchtbaren Insel seines Ich.

PHIL BOSMANS

24. DEZEMBER

Ein alter Rabbi fragte einst seine Schüler, wie man die Stunde bestimmt, in der die Nacht endet und der Tag beginnt.
Ist es, wenn man von weitem einen Hund von einem Schaf unterscheiden kann? fragte einer der Schüler.
Nein, sagte der Rabbi.
Ist es, wenn man von weitem einen Dattel- von einem Feigenbaum unterscheiden kann? fragte ein anderer.
Nein, sagte der Rabbi.
Aber was ist es dann? fragten die Schüler.
Es ist dann, wenn du in das Gesicht irgendeines Menschen blicken kannst und deine Schwester und deinen Bruder siehst. Bis dahin ist die Nacht noch bei uns.

CHASSIDISCHE WEISHEIT

25. DEZEMBER

Schafft euch ein Nebenamt, ein unscheinbares, womöglich ein geheimes Nebenamt! Tut die Augen auf und sucht, wo ein Mensch ein bisschen Zeit, ein bisschen Teilnahme, ein bisschen Gesellschaft, ein bisschen Fürsorge braucht. Vielleicht ist es ein Einsamer, ein Verbitterter, ein Kranker, ein Ungeschickter, dem du etwas sein kannst. Vielleicht ist's ein Greis, vielleicht ein Kind. Wer kann die Verwendungen alle aufzählen, die das kostbare Betriebskapital, Mensch genannt, haben kann! An ihm fehlt es an allen Ecken und Enden. Darum suche, ob sich nicht eine Anlage für dein Menschentum findet. Lass dich nicht abschrecken, wenn du warten oder experimentieren musst. Auch auf Enttäuschungen sei gefasst. Aber lass dir ein Nebenamt, in dem du dich als Mensch an Menschen ausgibst, nicht entgehen. Es ist dir eines bestimmt, wenn du nur richtig willst.

ALBERT SCHWEITZER

26. DEZEMBER

Es gibt nur ein Problem, ein einziges in der Welt: Wie kann man den Menschen einen geistigen Sinn, eine geistige Unruhe wiedergeben; etwas auf sie herabrieseln lassen, was einem Gregorianischen Gesang gleicht! Hätte ich den Glauben, stünde es fest, daß ich, sobald diese Zeit [des Krieges] vorüber ist, nur noch Solesmes [Benediktinerabtei) ertragen könnte. –
Man kann nicht mehr leben von Eisschränken, von Politik, von Bilanzen und Kreuzworträtseln. Man kann es nicht mehr. Man kann nicht mehr leben ohne Poesie, ohne Farbe, ohne Liebe. Wenn man bloß ein Dorflied aus dem 15. Jahrhundert hört, ermißt man den ganzen Abstieg.
Es gilt wieder zu entdecken, daß es ein Leben des Geistes gibt, das noch höher steht als das Leben der Vernunft und das allein den Menschen zu befriedigen vermag.

ANTOINE DE SAINT-EXUPÉRY

27. DEZEMBER

Warum genügt es uns nicht, wenn das Leben sich ruhevoll in einem tiefen See spiegelt? Das Mittelalter war reicher an solchen Naturen als unsere Zeit. Wie selten trifft man noch auf einen, der so recht froh und friedlich mit sich auch im Gedränge fortleben kann, zu sich redend wie Goethe: „Das Beste ist die tiefe Stille, in der ich gegen die Welt lebe und wachse und gewinne, was sie mir mit Feuer und Schwert nicht nehmen können."

FRIEDRICH NIETZSCHE

28. DEZEMBER

Das ist ja die göttliche Kraft der Liebe, von der man nicht aufhört, zu singen und zu sagen, dass sie in jedem Augenblick die herrlichen Eigenschaften des geliebten Gegenstandes neu hervorbringt, in den kleinsten Teilen ausbildet, im ganzen umfasst, bei Tage nicht rastet, bei Nacht nicht ruht, sich an ihrem eigenen Werke entzückt, über ihre eigene rege Tätigkeit erstaunt, das Bekannte immer neu findet, weil es in jedem Augenblick, in dem süßesten aller Geschäfte wieder neu erzeugt wird. Ja, das Bild der Geliebten kann nicht alt werden; denn jeder Moment ist seine Geburtsstunde.

JOHANN WOLFGANG VON GOETHE

29. DEZEMBER

Liebe zwischen Mann und Frau ist niemals eine feststehende Tatsache, sondern eine Kraft, die aus den geheimnisvollsten Bestandteilen zusammengesetzt, unaufhörlich und ebenso geheimnisvoll ihren Charakter, ihr Wesen, ihre Farbe und ihre Temperatur verändert. Würden wir von diesem ewigen Formenwechsel der Liebe als von ihrem Lebensgesetz überzeugt sein – wie viel Angst und Kummer würden uns erspart.

GABRIELE REUTER

30. DEZEMBER

Wir Menschen haben viel mehr Freundschaft in uns und um uns, als jemals ausgesprochen worden ist. Trotz aller Selbstsucht, die wie ein scharfer Ostwind die Welt durchkältet, wird die ganze Menschheitsfamilie von einem Element der Liebe wie von einem feinen Äther umspült. Wie viele sehen wir, deren Gegenwart uns mit einem warmen Gefühl der Freude erfüllt, wenn wir auch nichts sagen. Lies die Sprache dieser wandernden Augenstrahlen! Das Herz weiß, was sie bedeuten.
Geben wir uns dieser menschlichen Zuneigung hin, so verspüren wir als Wirkung eine gewisse herzliche Fröhlichkeit.

RALPH WALDO EMERSON

31. DEZEMBER

Mein Freund fragte mich, wie viele
Lebensjahre bereits auf meinen
Schultern ruhten?
Ich erwiderte: „Im besten Falle zwei
Minuten."
Bestürzt wies er auf meine weißen
Haare.
Da sagte ich: „Wir müssen klar
erkennen, wie sich des Lebens Wert
und Maß verteilen. Ich küsste
einmal so, dass ich es nie vergaß.
Den Rest des irdischen Seins
kann ich nicht Leben nennen."

IBN HAZM AL ANDALUSI

Die Texte von Phil Bosmans sind entnommen aus: Ders., Leben jeden Tag. Ein Jahresbegleiter, NA 2008; die Texte von Anthony de Mello aus: Ders., Der springende Punkt. Wach werden und glücklich sein, 52007 – beide erschienen im Verlag Herder.
Nicht in jedem Fall sind sich Herausgeber und Verlag sicher, ob sie die Rechtslage haben zweifelsfrei klären können. Für Hinweise sind sie dankbar. Rechtsansprüche bleiben gewahrt.

www.herder.de

Außengestaltung: Dietmar Reichert
Innengestaltung: Ulrich Ruf, Sölden bei Freiburg
Herstellung: CPI Moravia
Gedruckt auf umweltfreundlichem, chlorfrei gebleichtem Papier
Printed in Tschechien

ISBN 978-3-451-30148-3